日本の遺跡14

両宮山古墳

宇垣匡雅　著

同成社

両宮山古墳全景　墳丘と内濠

東上空から見た両宮山古墳
前方部の道路を挟んで森山古墳、
右奥（西）に備前国分寺跡。

◀両宮山古墳をとりまく古墳群

両宮山古墳外濠の断面
（トレンチ 19）

森山古墳　両宮山古墳の前方部前面にある大形の帆立貝形古墳

朱千駄古墳　両宮山古墳の南西 600 m に所在する前方後円墳

廻り山古墳　両宮山古墳の東 400 m に所在する前方後円墳

小山古墳
両宮山古墳の南東 760 m に所在する前方後円墳。墳丘全体が神社として利用されている。右は社殿の裏側に所在する家形石棺の破片。

目 次

カバー写真　東上空から見た両宮山古墳
装丁　吉永聖児

両宮山古墳

はじめに

両宮山は季節のうつろいがよくわかる古墳である。

春には墳丘の樹間に藤の花が咲き、夏には池の水面を菱の葉が覆う。秋の中堤は彼岸花で赤く彩られ、柿の木があかい実をつける。休耕田をねぐらにするキジの鳴き声を耳にすることもめずらしくはなく、狸や亀もそこを住みかとする。

大阪に在る両宮山古墳と兄弟分の巨大古墳は、市街地に囲まれ中堤の端までアスファルトに覆われている。かつてはそこにも、また他の多くの巨大古墳にあっただろう風景が、ここにはある。

両宮山古墳は全国にその名を知られる有名古墳ではないかもしれないが、墳丘全長が二〇〇メートルを越える巨大古墳である。近畿地方以外ではめずらしく水をたたえた周濠をもつことで知られていたが、近年の調査によって、その外側に外濠がめぐることが判明した。解明が待たれる部分はなお多いが、古墳時代の吉備を考えるうえできわめて重要な意味をもつ古墳であることを明らかにできたと考えている。

とはいえ、副葬品が知られるわけではないし、復元できた出土の埴輪といったものもない。遺構の状況や構築の手法といったところが話の中心となる。

吉備には墳丘全長一〇〇メートル以上の前方後円墳が一四基存在する。そのうちの三基、墳丘全長三五〇メートルの造山《つくりやま（ぞうざん）》古墳、二八六メートルの作山《つくりやま（さくざん）》古墳、二〇六メートルの両宮山古墳の三基は他よりも格段に墳丘規模が大きく、吉備の三大古墳とも称される。これらは列島の古墳全体の墳丘規模ランキングのなかでも上位に位置し、造山古墳が第四位、作山古墳が第九位、両宮山古墳は内濠水面よりも上の墳丘長さ一九四メートルを用いれば第三九位となる。

古墳は前方後円形、円形、方形といった墳丘の平面形と、墳丘の規模によって、首長間の政治的位置を表示する構造物と理解されている。中央政権が所在した畿内に中期の巨大古墳が集中して築かれていることはよく知られるところであり、各時期の最大規模墳は大王墳と推定されている。

巨大古墳の畿内への集中という様相のなかで、吉備では三基の巨大古墳が築造され、そのうちの二基、造山・作山は大王墳に匹敵する墳丘規模をもつ。畿内以外でそれほどの規模の巨大古墳が築造される地域は吉備のみであり、かねてから吉備の特殊性が論じられてきた。また、地域史のなかでそれらは大きな位置を占めることはいうまでもない。そしてそれ以上に、地方に中央とほぼ同等とも見える巨大古墳が築造された理由を考察することは、古墳時代中期の中央と地方の関係がいかなるものであったのか、古墳時代の政治構造はどのようなものであったかを考えることでもある。

本書では、両宮山という巨大古墳はどのようなものであり、それはいかなる意義をもつのか、また、両宮山を含む吉備の古墳時代はどういったものであったかを考えてみたい。

そして、検討の途上にある部分も少なくないが、調査成果をもとに考えたことを後半にまとめた。

巨大古墳の多くが陵墓や陵墓参考地となっている現在、造山・作山の二基は自由に立ち入って巨大古墳の大きさを体感でき観察できる数少ない巨大古墳である。両宮山古墳はそれらよりは規模が小さいが、それでも立ち入ることのできる古墳の規模では全国で一三番目という順位である。この本が両宮山古墳を訪ねる際のガイドとして多少で

図1　墳丘と中堤

も役立ち、そして吉備の古墳を考えていく際の一石になれば幸甚である。

なお、古墳をめぐる「ほり」のうち、外側のものは外濠とも外周溝ともよばれている。前者は濠を一体としてとらえたよび名であるし、後者は内濠との相違を重視した呼称である。またそもそも、どの規模までを濠とよび、どの深さ・幅になったら溝とすべきかもとくに定義はないようである。さらに、二重の濠に挟まれた堤については、外濠の評価と関連して、報告者によって内堤・外堤・中堤と名称が異なる。本書では外側のほりを外濠、外濠と内濠の間を中堤とよぶこととする。

古墳の年代については『前方後円墳集成』の一〇期区分が適当であるが、なじみの薄い方もあろうかと思われるため、四期―中期前葉、五期―中期前半、六期―中期中葉、七期―中期後半、八期

—中期後葉、九期—後期前半と読み替えておく。なお、八期は後期に含められることが多いが、本書では中期に扱った。

I　古墳の位置と環境

1　地域としての吉備

中国地方の瀬戸内海側東半、岡山県および広島県の東部が吉備とよばれる地域である。

東から備前、美作、備中、備後の四カ国からなる広い範囲であり、瀬戸内海を隔てた南の対岸は讃岐—香川県、北は中国山地脊梁部で因幡・伯耆—鳥取県、出雲—島根県と接する。東は播磨—兵庫県、西は安芸—広島県である。

地理的な環境は、北から、山地とその間の盆地、高原と河川にそって形成された小規模な平地、瀬戸内海沿岸部に形成された沖積平野、そして南端の瀬戸内海島嶼部と大きく変わる。北部山間の恩原《おんばら》遺跡（旧石器）、沖積平野の上東《じょうとう》遺跡（弥生集落）、瀬戸内海の黄島《きしま》貝塚（縄文）など、代表的な遺跡を列挙しただけでも、それぞれの地域に残された考古資料のあり方や特性が大きく異なることがわかる。

古墳時代に先立つ弥生時代後期、列島の各地域ごとに土器の特性が強まるが、吉備においては上東式とよばれる土器型式が成立し、やがて前方後

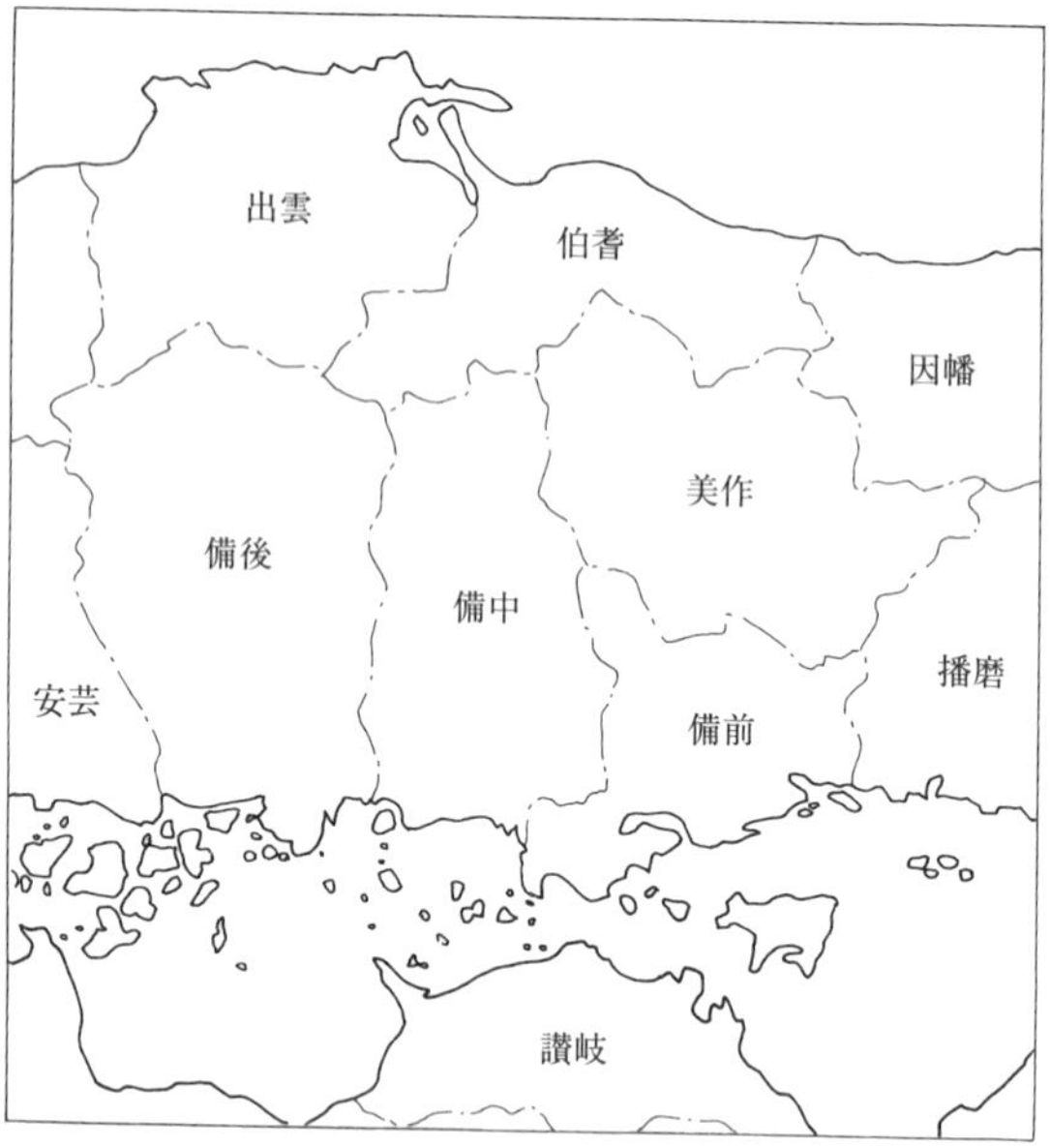

図２　吉備と周辺地域

円墳の成立期には、吉備甕と通称される特有の口縁形態をもつ甕に代表される土器型式に変化する。それらの分布の中心は備前南部から備中南部にかけての沖積平野部であり、また、ここには上東遺跡、津寺遺跡、百間川原尾島《はらおじま》遺跡、百間川沢田遺跡といった大規模な集落が形成される。

本書において取り扱う古墳時代では、北部山間の蒜山原《ひるぜんばら》四つ塚古墳群、中部では月の輪古墳、沖積平野に造山古墳、島嶼部の喜兵衛島《きへえじま》古墳群というように資料は吉備の全域に分布するが、主要な資料が集中して分布し中心を形成するのは瀬戸内海沿岸の沖積平野部とその後背に点在する盆地状の平野群である。

ここで沖積平野部とひとくちに述べ、また、地図のうえでは一連の平野のようにもみえるが、詳細に見るとかならずしもそうではない。端的な例が新大阪駅から山陽新幹線に乗って西に向かった場合である。播磨平野の中央に位置する姫路をすぎるとだんだんトンネルが多くなる。県境の長いトンネルを抜けて岡山県に入るわけであるが、車窓はトンネルと平地の景色がめまぐるしく交錯す

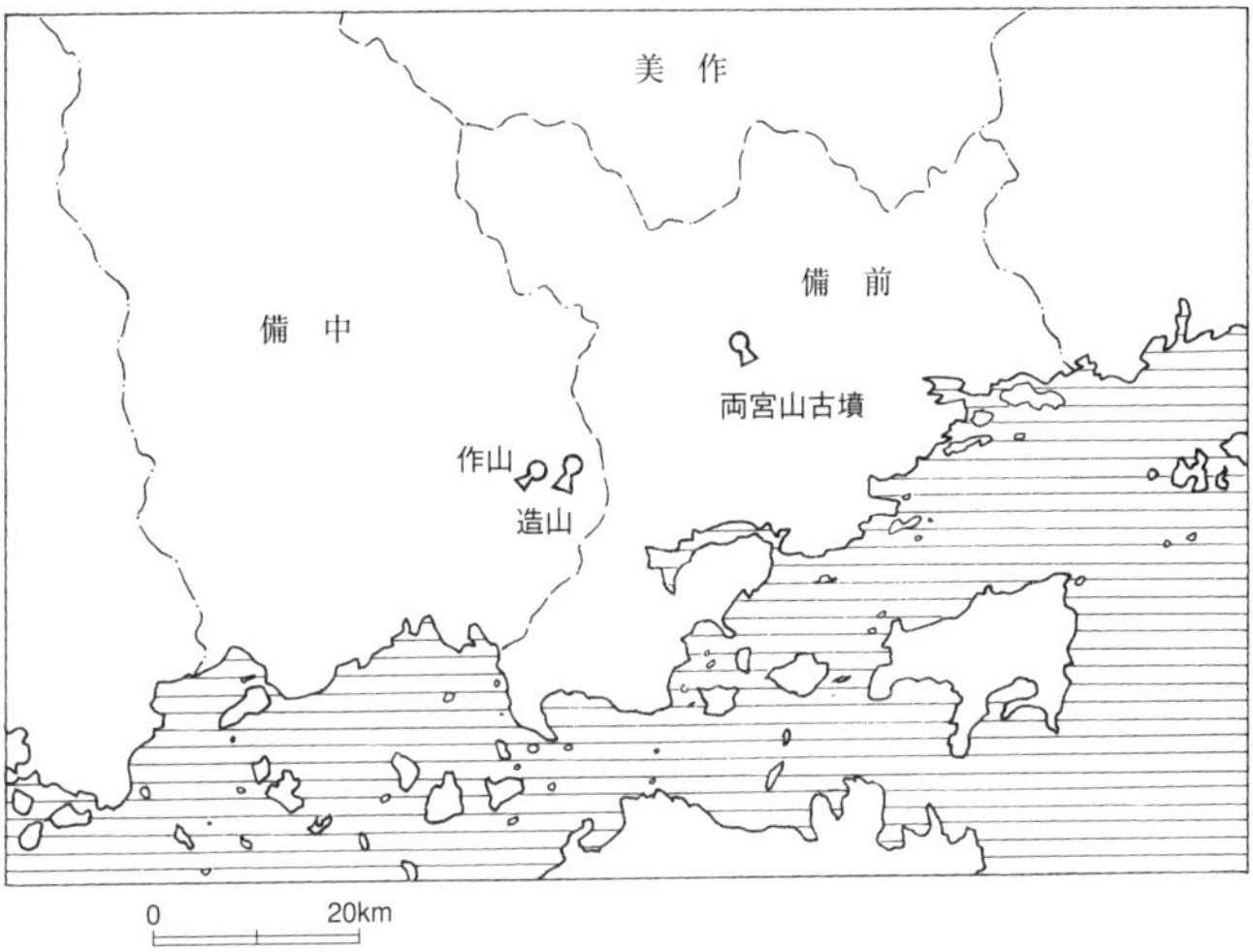

図3　造山・作山と両宮山

る状態がつづき、トンネルがまったくなくなるのはもうすぐ岡山駅というアナウンスが流れるころである。吉備南部の沖積平野は吉井川、旭川、高《たか》梁《はし》川という大河川とそれらの間に所在する中小の河川によって形成されたものであるが、このことからも明らかなように平野の間には大小の丘陵が所在しており、丘陵によってさえぎられ不定型な形状をなす平野が一部で接続し、それが東西に連なるという形状をなす。星形や菱形の平野がそれぞれの端を接してつづいていくという形を考えたらよいかもしれない。なお、現在の海岸線に近い平野部の大半は江戸時代から近代にかけての干拓によって形成されたものであり、中世以前の海岸線はずいぶん北側であった。

列島各地の沖積平野それぞれの景観は現在と弥生・古墳時代とではかなり異なるものであったことが明らかになっており、いちがいに比較することはむずかしいが、吉備の平野の姿は、台地や低地を交えるものの一続きの平野の景観を呈する河内や大和とは、かなり異なるといえよう。

2　吉備の東西

吉備南部には数多くの遺跡や古墳が所在する。そのなかで最も著名なのは岡山市西部から総社《そうじゃ》市にかけての吉備路とよばれる一帯で、造山《つくりやま（ぞうざん）》古墳、作山《つくりやま（さくざん）》古墳という二基の巨大古墳をはじめ、備中国分寺、備中国分尼寺跡などが所在する。この地域は備中の南部である。一方、東には備前国府跡、備前車塚古墳が所在する旭川下流東岸平野、そしてその北東に両宮山古墳や備前国分寺跡が所在する赤磐《あかいわ》市南部がある。先に述べた平野の形状のため、遺跡・古墳は分布に濃淡をもちながら東西に連なっており、中核の一つが備中南部の「吉備路」であり、もう一つの核が備前南部地域なのである。

では、備前と備中は吉備を区分する古代の行政単位であるから、それぞれの大きな平野に国府や国分寺が設置され、そのためこうした遺跡の分布になったかといえば、それはかならずしも正しくない。弥生時代後期、吉備では特殊器台・特殊壺とよばれる全面に装飾が施された土器がつくり出され、おもに葬送儀礼に用いられるが、その分布の中心が備中南部であることは疑いない。また、同じ時期に楯築《たてつき》墳丘墓を頂点として弥生墳丘墓が築かれる。大形の墳丘、外表施設の存在、入念かつ大形の埋葬施設など、それまでの弥生時代墳墓に見られなかった特色をもち、古墳の祖形の一つとみられるが、その分布の中心も備中南部である。それに対して古墳時代前期の主要古墳、浦間茶臼山古墳、備前車塚古墳などは備前南部に所在している。政治的なまとまりがどこまで形成されていたかは即断できないにしても、備前と備中は弥生時代以来つちかわれてきた地域的なまとまりを反映して設定されたとみることができる。

3　所在地と歴史的環境

両宮山古墳群は岡山県赤磐市穂崎・和田・馬屋および一部岩田にわたって広がる。以下ではどのようなところに築かれたのか、おもに歴史的な環境を概観する。

岡山県の東南部に位置する赤磐市は、赤磐郡山陽町・赤坂町・熊山町・吉井町の四町が二〇〇五年に合併して発足した新しい市である。昨今奇抜な新市名も数多く誕生しているが、赤磐は古代の律令制下の郡名、備前国赤坂郡と磐梨《いわなし》郡に由来するものである。市域の西は岡山市に接し、東は和気郡和気町など、北は月の輪古墳が所在する柵原町などが合併して誕生した美咲《みさき》町である

この付近は岡山県南の沖積平野部の北側にあたり、北西の吉備高原からつづく丘陵が広がるが、河川やその支流にそって大小の盆地状の平野が形成されており、丘陵と平地が交錯した状況を呈する。丘陵の多くは花崗岩あるいはその風化土からなるが、南部では流紋岩類や泥質岩なども分布する。

市域の東端には岡山県の三大河川の一つで中国山地の山間を発して瀬戸内海に注ぐ吉井川が南流し、西部を市域の北端から南に向かう中規模河川、砂川が貫流する。吉井川および砂川にそって比較的広い平野が形成され、またこれらの河川に流入する支流にそって狭小な平野が形成され、遺跡の多くはこれらの平野に、あるいはそれに面し

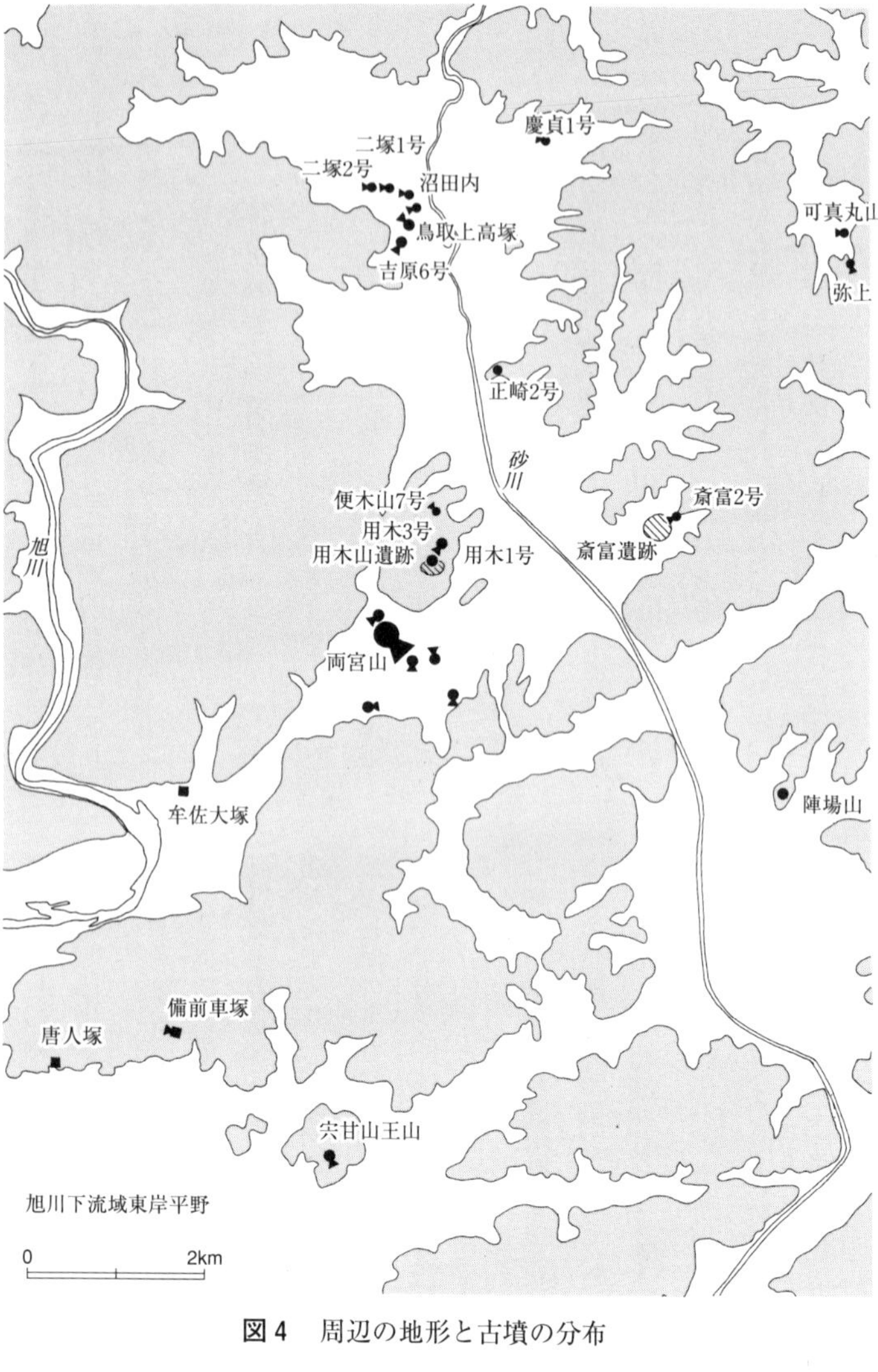

図4　周辺の地形と古墳の分布

図5　有舌尖頭器と石槍

た丘陵の先端に形成されている。

砂川中流域に形成された盆地状の沖積平野は、東西五・五㌔、南北六・三㌔の広がりをもつ。海抜は一一～二五㍍で、周囲を二〇〇～三〇〇㍍の山々が囲む。東側や南側の丘陵は比較的低く、低い鞍部を経て隣接する盆地状の平野に通じることができる。市域の西側には吉井川とならぶ大河川である旭川が南流し、下流に広大な沖積平野を形成するが、その平野との間は丘陵によってさえぎられている。両宮山古墳群はこの砂川中流域平野の南西部に所在する。古墳群の西側で平野は狭まり、低い鞍部をなして旭川河岸の小平野に接続するが、古代山陽道はこの隘路を通過する。

吉備南部では一般に旧石器時代、縄文時代の遺跡はごく僅少で、弥生時代以降遺跡数が増大するが、赤磐市南部地域の遺跡の動態もそれに一致する。

なお、ここで示した資料のうち、両宮山古墳に関係する古墳および周辺の主要遺跡についてはⅤ章で解説しているので、それを参照していただきたい。

(一)　旧石器・縄文時代

この盆地における人びとの活動を示す遺物のうち古いものとして、備前国分寺跡の発掘調査で出

図6　用木山遺跡

土した有舌尖頭器があり、縄文時代草創期の人びとの活動を物語る。また、正免《しょうめん》遺跡からは縄文時代中期末の、平野東部の斎富《さいどみ》遺跡からは後期の土器片が出土している。これらにつづいて、堅果類を貯蔵した貯蔵穴がまとまって検出されたことで学史上著名な縄文時代晩期の南方前池《みなみがたまえいけ》遺跡がある。

(二) 弥生時代

弥生時代前期では、該期の土器は南方前池遺跡のほか、山陽小学校遺跡、向遺跡など数遺跡で出土しており、初期の農耕集落が点在的に形成されていったとみられる。

中期中葉以降、遺跡は爆発的ともいえる分布の拡大を示す。遺跡は平地に面した低丘陵上や山麓に数多く形成されており、沖積地の開田と分村が急速になされていったとみられる。とりわけ両宮山古墳の東方、東高月丘陵に形成された中期後半の集落遺跡群（用木山《ようぎやま》遺跡、惣図《そうず》遺跡、門前池遺跡、門前池西方遺跡など）のうち用木山遺跡は、斜面を階段状に造成して形成された集落遺跡として知られ、竪穴住居一二四棟が検出された。遺構密度だけでなく、遺物の量も多量である。分銅形土製品が多数出土したことで知られるが、それ以外に、出土石器の数量、石器素材・剥片の卓越した出土量は石器生産が盛んに行われていたことを物語っており、用木山遺跡を中心とする東高月丘陵の集落遺跡群がこの地域の拠点集落であったとみられる。

この用木山遺跡ほかが所在する東高月丘陵は山陽団地の造成用地となったため、弥生時代集落や該期の墓域、また、後述の用木古墳群、岩田古墳群など数多くの遺跡・古墳の発掘調査が実施されることとなった。一九七〇年代前半という高度経済成長の時代を背景に、その多くが記録保存の対象とならざるをえなかったが、吉備南部地域の弥生時代集落、前期・後期の古墳研究に貴重な資料を供し、この地域の弥生・古墳時代史解明に大きな手がかりを与えることにもなった。行政発掘体制の草創期における空前の規模の発掘調査はすでに学史の域となりつつあるが、その実施は当時それを担当した神原英朗のたいへんな苦労のたまものであった。

弥生時代墳墓に関してもこの調査によって多くの資料が得られた。墳墓の資料は弥生時代中期の四辻《よつじ》遺跡にはじまり、後期の愛宕山遺跡、便木山《びんぎやま》遺跡などがあり、このうち便木山遺跡においては木棺墓群のなかに小規模な方形台状墓（弥生墳丘墓）が築かれており、また、特殊器台・特殊壺をともなうことが判明した。

後期の集落は斎富遺跡でも検出されており、浦

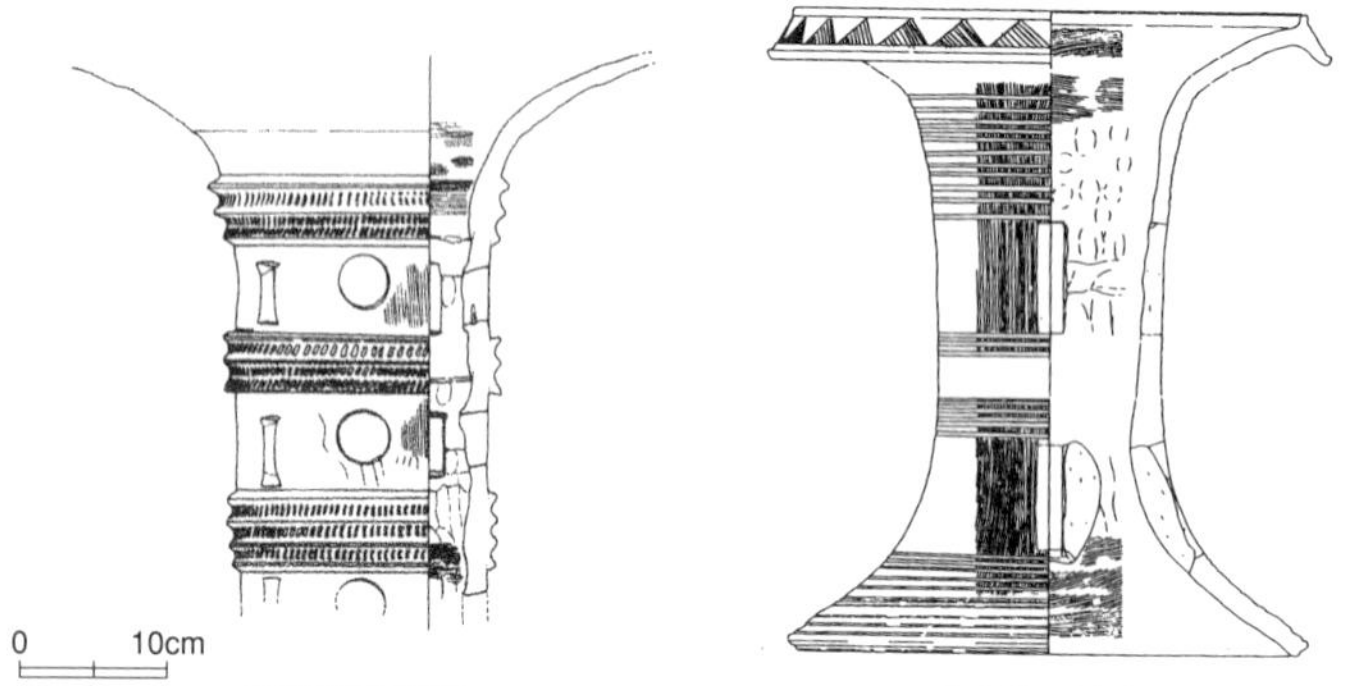

図７　弥生後期の器台形土器

山遺跡では丘陵斜面に大規模な土器溜まりが形成されており、付近に集落遺跡が所在したとみてよいだろう。また、後述のように両宮山古墳墳丘下にも後期集落遺跡が所在する。吉備南部においては後期には上東遺跡、百間川原尾島遺跡などのように沖積平野の微高地上に大規模な集落遺跡が形成されることが多いが、この地域の遺跡は山麓や低丘陵上など中期の遺跡とほぼ同様の立地をとる。これは、砂川中流域の場合、河川が小さいため沖積化があまり進まなかったこと、また、盆地状の地形であるため排水が良好ではなかったなど、集落形成の適地がまだ平地に形成されていなかったためであろう。

弥生時代後期における本地域を特徴づける資料として器台形土器がある。器台そのものは吉備南部地域に広がる上東式土器の構成器種であり特筆するにはあたらないが、この地域においては、同一の段に円形と長方形の透かし孔を交互に配する例がしばしば認められ、まれにはそうした配列をとる二段の透かし孔帯の間を肥厚させ、特殊器台の間帯を思わせる形態をとるものもある。山ひとつ隔てて隣接する旭川下流域平野の器台の透かし孔は円形なら円形、方形なら方形で統一しているようであり、透かし孔を一定のパターンで配したり多数の透かし孔を設けて装飾とする器台は砂川中流域に特有の可能性がある。器台は農耕儀礼に用いられた土器と推定されることからすれば、後期のこの地域に農耕祭祀に関しての地域色・一つのまとまりが形成されたと考えることが可能である。

(三) 古墳時代

前　期　古墳時代の様相は古墳の築造状況、とりわけ首長墳の築造状況から把握することになるが、吉備の場合、古墳時代の前半期、前期から中期前半の状況がかなりつかみにくい。これは前半期古墳の多くが埴輪をともなわないため年代の確定がむずかしいことや、調査事例そのものが少ないこと、そして、首長墳が至近の位置に連続して築かれることが少なく、築造位置が大きく動くため首長墳の系譜を把握しにくいためである。

　古墳時代前期には東高月丘陵に径三一メートルの円墳・用木一号墳、全長四〇メートルの前方後円墳・用木三号墳とつづく首長墳の系譜が形成される。用木一号墳は葺石をもち、長さ四・七メートルの割竹形木棺を直葬し尚方作獣帯鏡一面、柳葉式銅鏃三七点のほか鉄剣・刀・斧・ヤリガンナなどが副葬されていた。三号墳も葺石をもち、長さ四・八メートルの箱形木棺を粘土槨に収め波文帯四獣鏡・斧・ヤリガンナを副葬していた。

一方、用木古墳群の北三・四キロ、下仁保地区の低丘陵上には全長四二メートルの前方後円墳・吉原六号墳が所在する。主体部の構造などは不明であるが、乱掘によって漢鏡七期に編年される上方作系獣帯鏡と方画規矩鏡各一面、玉類などが出土しており、前期の早い段階に位置づけられる。

この吉原六号墳が用木一号墳に先行して築かれ、後に用木古墳群に首長墳が移ったとみるべきか、この平野では南北に二つの首長系譜があったと考えるべきかむずかしい。後者とみた場合でも平野北部に吉原六号墳に後続する首長墳は築かれず、用木古墳群では以降も古墳は継続して築かれるものの、墳丘規模は一五メートル前後に縮小しており、首長墳としての系譜は三期前後に途絶えるとみられる。

なお、用木三号墳は報告書では前方後方墳とされているが、前方後円墳と判断した。また、用木六号墳は三号墳につづく前方後円墳とされるが円墳と判断している。

三号墳よりも後に築かれる用木古墳群のほか、東高月丘陵に所在し現状保存のなされた野山古墳群、また、平野の東部、中島・斎富地区に所在する斉《さい》戸《ど》池《いけ》東古墳群なども前～中期の古墳群とみられ、小規模な方・円墳で構成される古墳群が小首長あるいは有力家長の墳墓として東高月丘陵を含む各所の丘陵上に形成されていくとみられる。

発掘調査が実施された前期小墳としては用木古墳群以外に正崎四号墳、中島一号墳がある。正崎四号墳は一辺一三メートルの小形の方墳で、竪穴式石室状の箱式石棺を主体部とし、剣と玉類が副葬されていた。中島一号墳は一辺一八メートルの方墳で、中心主体には長さ一・八メートルの小形の竪穴式石室が用いられ玉類が副葬されていたが、この古墳では墳裾をとりまくように木棺・土壙墓が多数設けられていた。先の用木三号墳や同四号墳においても墳裾付近に土壙墓や段状の小規模墳が設けられており、吉備の前期古墳で墳裾を含めて全掘した例はそれほど多くないため確定はむずかしいが、この地域の前期古墳は吉備の他の地域よりも周辺埋葬の形成が顕著である可能性が強い。

中期

中期中葉にいたって、東高月丘陵ではあるが用木古墳群とは位置をたがえて岩田三号墳が築造される。一辺二〇メートルの二段築成の方墳であり、葺石・埴輪をもち竪穴式石槨を内部主体とする。石槨が長さ一・九メートルと小規模で、墳丘もそれほど大きなものではないが、円筒埴輪のほかに短甲形埴輪をともない、玉類に加えて多量の臼玉を副葬しており、さらに鏡二面をともなっていた可能性があるなど、新たな系譜の小首長墳が中期古墳の諸要素を導入して築かれたとみられる。

つづく中期後半においてこの地域の古墳の様相は大きな転機をむかえる。本書に記載する両宮山古墳の築造である。両宮山古墳は墳丘全長が二〇〇メートルを越える巨大な前方後円墳で、発達した前方部を特徴とし、墳丘の周囲を二重の濠がとりまく。両宮山古墳は造山古墳と作山古墳につづいて築かれた巨大古墳であるが、先の二基が岡山市西部、総社市と、備中に所在するのに対し、本墳はそれから遠く離れた備前である。

両宮山古墳の周囲には数基の陪塚《ばいづか》が築かれる。後円部北側に所在する和田茶臼山古墳は本書に示す確認調査によって二重の濠をともなう全長五五メートルの帆立貝形古墳であることが明らかになった。また、中堤東隅の南東側には削平古墳で円墳か帆立貝形古墳か不明であるが径二三メートルの正免東古墳が所在する。正免東古墳の西側、両宮山古墳の前方部前面には墳丘全長八二メートルの帆立貝形古墳、森

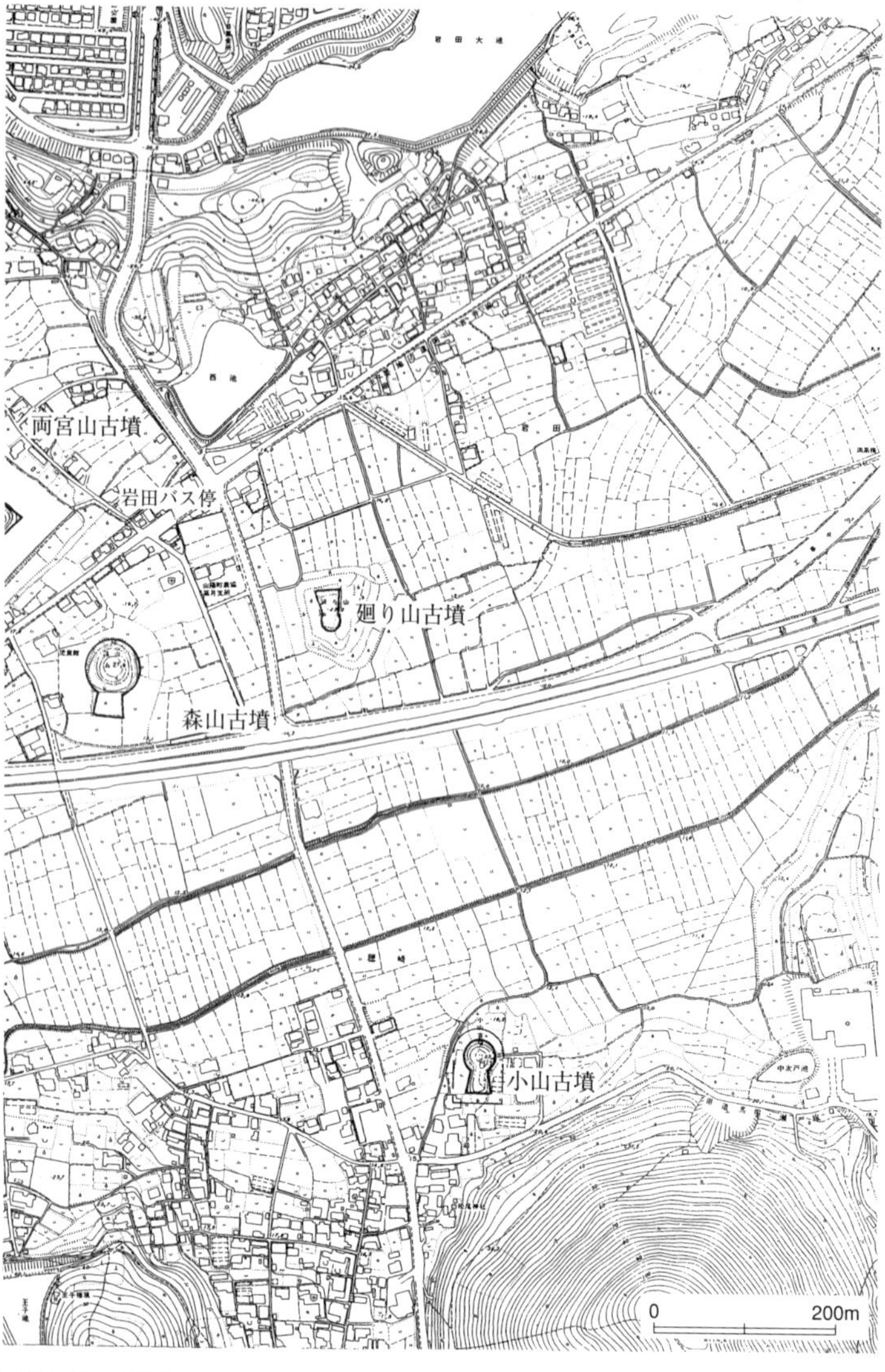
両宮山古墳
岩田バス停
廻り山古墳
森山古墳
小山古墳
0
200m

古墳とその周辺

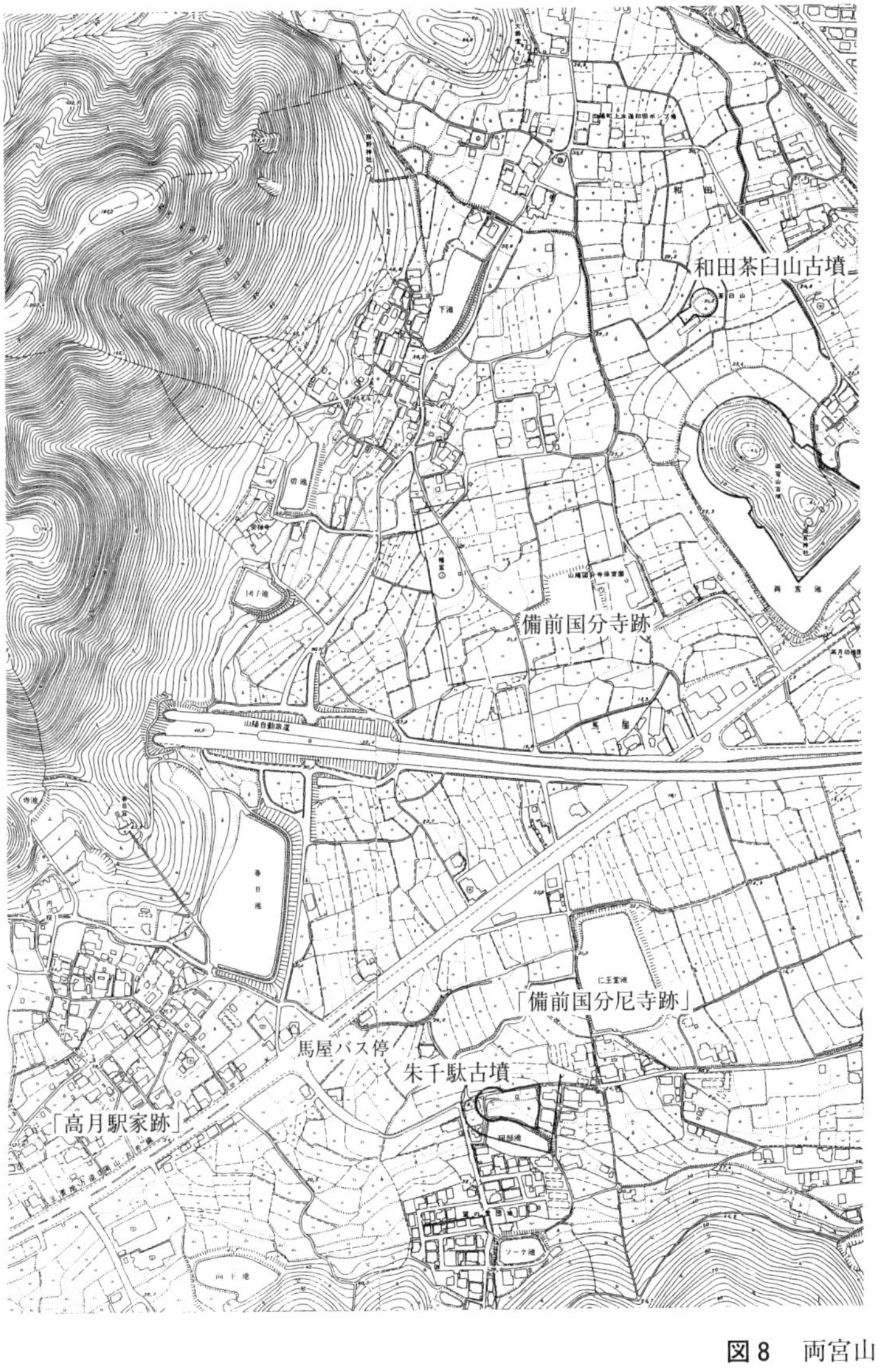

図８　両宮山

山古墳が所在する。帆立貝形古墳としてはきわめて規模が大きく、周囲には周濠と周堤をともなう。

　両宮山古墳には少なくとも三基の帆立貝形古墳・円墳が随伴し、両宮山古墳群を形成する。そのうち、主墳である両宮山古墳と和田茶臼山古墳の二基は葺石・埴輪をともなわず、前方部前面の二基は葺石・埴輪をともなうという特異な状況が注目される。

両宮山古墳以後

　両宮山古墳の後、中期後葉には首長墳の築造位置は両宮山古墳から平野を隔てた南側の山麓に移り、竜山石製長持形石棺を使用する朱千駄《しゅせんだ》古墳（前方後円・八五メートル）、つづいて阿蘇溶結凝灰岩製の古式家形石棺を使用する小山古墳（帆立貝形・五四メートル）が築かれる。いずれも発掘は古く、小山古墳の副葬品の内容は明らかでないが、朱千駄古墳からは神人歌舞画像鏡、玉類、蛇行状鉄器などの出土が知られ、多量の朱の出土が古墳の名称となったことはよく知られている。

　その後、後期前半にはふたたび両宮山古墳近傍の小丘陵上に廻《まわ》り山《やま》古墳（前方後円・四七メートル）が築かれており、この古墳は両宮山古墳を意識した立地をとった可能性が考えられる。廻り山古墳の規模は他の首長墳にくらべれば小さいが、後期前半は首長墳が全体に縮小する時期であり、この時期にあっては大形といえる。そして、この古墳をもって両宮山古墳周辺の卓越、大形古墳の築造は停止する。

　一方、二塚一号墳（前方後円・三七メートル）を嚆矢として中期後葉に砂川中流域北部の首長墓系譜の築造がはじまり、沼田内古墳（前方後円・二六メートル）、小天満二号墳（帆立貝形・二四メートル）を経て後期後半には備前で該期最大の墳丘と全長一一・

二メートルの横穴式石室をもつ鳥取上《とっとりかみ》高塚古墳（前方後円・六七メートル）が築造される。

　こうした両宮山古墳周辺への有力墳の集中的築造の終焉と併行してはじまる小規模前方後円墳からなる系譜の出現は、砂川中流域から丘陵を隔てた東側の盆地、可真地域にも認められ、可真《かま》丸山古墳（前方後円・三三メートル）、弥上《やがみ》古墳（前方後円・三〇メートル）とつづく系譜が出現する。さらに、後期前半の新しい段階から後期後半の古い段階にかけて斎富二号墳（前方後円・二四メートル）、東高月丘陵の便木山七号墳（帆立貝形・二二メートル）など、それまで前方後円墳が築造されていなかった地域にも築造がなされ、小規模前方後円墳の拡散ともいえる様相を示す。

　中期後半以降、首長墳とは別に中小規模の円墳の築造も活発となる。中期後半の宮山四号墳、中期後葉とみられる別所古墳群、正崎二号墳などがその代表となる。いずれも一〇〜二〇メートルの円ないし方墳であるが、高い墳丘盛土をもち、副葬品の構成も豊富であることが多い。今後検討が必要であるが、備前・吉井川下流域西岸地域や備中・足守川西岸平野などにおける状況、小墳の群集とは異なる様相を呈している可能性が強い。なお、両宮山古墳群南側の平野を隔てた山麓部では朱千駄古墳のほかは古墳の様相が明確でないが、埴輪片の散布が広範に認められ、中期後半〜後葉の古墳が所在したと推定される。

　前方後円墳が消滅に向かう後期後半にはこの地域の各所に横穴式石室をもつ円墳が築造される。密集した古墳群を形成する例は少なく、丘陵斜面に散在した分布を示すものが多い。その代表となるのが東高月丘陵に築かれた岩田一四号墳である。径二〇メートルの円墳で、全長一一・八メートル、玄室幅二・七メートルを測る横穴式石室内からは多量の須恵器類のほか環頭大刀二点などが出土している。また、石室石材が撤去されているが日古木《ひこぎ》七号墳もかなり大形の墳丘をもつ円墳である。そうした有力墳のほか、吉原一号墳、同三号墳のように陶棺を収める小形の横穴式石室墳も多い。

七世紀代にいたると、両宮山古墳の南西二・九キロ、旭川東岸の小平野に牟佐《むさ》大塚古墳が築造される。巨石を用いた全長一九メートルもの横穴式石室を主体部とする古墳で、墳形は不明確ではあるが大形の方墳とみられる。

以上、前方後円墳の築造状況を中心にこの地域の古墳時代を概観した。前期から後期まで数多くの古墳が築造され、そのなかには卓越した埋葬施設や豊富な副葬品をもつものが含まれる。首長墳に関しては、前期に形成された首長墳の系譜が途絶えた後、中期後半に巨大古墳の築造がなされ、以降も優力な首長墳の築造がつづく。後期前半以降は中小規模墳からなる系譜がこの地域内に多数分立するかのように形成されていくと整理することができる。

古墳時代の集落は門前池遺跡、門前池東方遺跡、斎富遺跡などで検出されている。これらのうち後二者では韓式系土器や初期須恵器など朝鮮半島系の遺物の出土が顕著であり、古墳群の形成とどのようにかかわるか今後検討していく必要がある。

（四）古代・中世

古墳時代以降も数多くの遺跡が形成される。これらは地域の特性を示すとともに、両宮山古墳群築造の背景をさぐる手がかりともなる。

奈良時代には両宮山古墳の西側に備前国分寺、その南側に「備前国分尼寺」の造営がなされる。また、両宮山古墳の西一・一キロには「古代山陽道高月駅家《うまや》推定地」が所在する。古代山陽道は両宮山古墳と森山古墳の間、県道岡山吉井線とほぼ重複して東西方向に通過していた可能性が強く、国府から離れて立地する備前国分寺も、この古代山陽道との関係においてこの地に立地したとみられ、この地域が古代備前の陸路における枢要の地であったことを示している。このほか、平野東部の斎富遺跡で該期の建物群が検出されている。

中世の遺跡については概括が困難であるが、山陽自動車道建設にともない、両宮山古墳の西側、備前国分寺跡の南側に所在する馬屋遺跡の発掘調査がなされ、集落および墓が検出されている。この遺跡を含め、山麓斜面や扇状地など、平野縁辺の各所に集落が形成されたとみてよいだろう。

中世末には両宮山古墳の西方、旭川下流域一帯を睥睨する位置にある龍ノ口山に龍ノ口山城が築かれ、市域の山頂・丘陵にも大小の山城が築かれる。両宮山古墳も城郭として利用されたとされるが、堀切や切岸などの遺構を認めることはできず、山城は別の場所に考えるべきである。

Ⅱ　研究の歩み

1　戦前の調査

調査によってなにが明らかになったかを述べる前に、両宮山古墳についてのこれまでの研究を概観しておく。

　両宮山古墳が古墳として認識されたのは明治になってからのようである。江戸時代の地誌『寸簸《きび》之塵《のちり》』には神宮寺山古墳および唐人塚《かろうどづか》古墳を指すとみられる記事があり、それにつづく『東備郡村誌』には牟佐大塚古墳の巨大な横穴式石室と石棺についての記載があり「尊貴を埋葬せしものならん」とされるものの、本墳に関する記載は両書ともになく、陵墓あるいは陵墓参考地に指定されなかったのも、墳墓としての伝承がなかったことによるのであろう。

　一九一二（明治四十五）年に編集された『赤磐郡誌』では、周濠がめぐり陵墓と同様の形状をなすことが記されており、天皇陵や古墳についての知識が普及するなかで古墳と推定されたようである。またそこには「実に由緒ありげなれども、記録は固より口碑伝説の伝はるなければ、知るに由なし」と記される。

一九一九（大正八）年から、「史蹟名勝天然紀念物保存法」にもとづいて県下の遺跡・古墳の調査が実施されるが、両宮山古墳についてもあらためて調査がなされる。岡山県史蹟調査会委員としてその任にあたったのは岡山県師範学校講師であった永山卯三郎であり、県下全域にわたる古墳の悉皆調査は「鬼神の業」とも称される徹底したものであった。彼は重要な古墳資料について、しばしば京都帝国大学の梅原末治を招請し、それを受けて現地踏査を実施した梅原によって岡山の古墳に関する報告が学会誌に発表されるという形になることが多い。本墳についても以下に示すように一九二四（大正十三）年に報告が発表されており、この梅原氏のお墨付きを得て評価が確定したのではないかと思われる。

『歴史と地理』第三〇巻第四号の報告、「備前国西高月村の古墳」から梅原の所見を引用してみよう。「松樹の繁れる隆然たる墳丘是れにして」「県下においては都窪郡の両造山に次ぐ宏大なる墳壟なり」「そぞろに畿内の古代帝陵を想起せしむ。」と、良好に遺存した巨大古墳の様相が簡潔にまとめられ、さらに「調査の際埴輪円筒を注意する処ありしも、遂に一破片も得ざりき。これを地方人士に糺せしに、従来採集したるもののなきが如し。或は本来円筒を欠ける為か。なほ考ふ可きなり。」と、現在問題となる点についてもすでに的確な指摘がなされている。添付の写真は往時の田園風景を伝える。さすがに現況と異なるところは多いが、そこに写った建物のいくつかはなお現存し、かつての景観をよくとどめているというべきであろう。

梅原の調査はわずか一日であったため、本墳の測量はなされていないが、つづいて訪れた西モリ山古墳（森山古墳）、小山古墳、朱千駄古墳の三基については墳丘の計測、石棺の実測を実施し、埴輪や葺石の状況を確認し過去の発掘についての聞き取りを行い、さらに牟佐大塚古墳の石室実測までがなされる。さすがというか神業とでもいうべきか。報告のなかには今となっては知るすべもない副葬品の出土状態についての貴重な聞き取りや所見が含まれている。また、西モリ山古墳（森山古墳）の墳形に関しては前方部が極端に短いことに注意がはらわれており、同様の墳形をもつのは兵庫県御願塚《ごがづか》古墳と愛知県志段味《しだみ》大塚古墳など数例であるとの指摘がなされており、帆立貝形古墳の報告例としてはごく初期のものとなる。

この後、両宮山古墳は一九二七（昭和二）年に「環湟及塁ヲ存スル前方後円型ノ古墳ニシテ南方ニ面ス（略）造出アリ此ノ地方ニ於ケル壮大ナル古墳ニシテ最モ善ク保存セラレタルモノノ一ニ属ス」として国史跡に指定された。

この後、永山卯三郎の作業は一九三〇（昭和五）年に刊行された『岡山県通史』に結実するが、そのなかに両宮山古墳の計測図も掲載され墳丘全長一〇四間（一八九メートル）等の数値も示される。これにつづいて一九四〇（昭和十五）年には小学校教員のかたわら郷土史研究を進めた荒木誠一によって執筆された『改修赤磐郡誌』が刊行され、両宮山古墳および周辺の古墳の計測値が示されるが、全長七九・五間（一四五メートル）と、どういうわけかやや短くなっている。

なお、少々めんどうなことに、このころの記載を詳細に検討すると森山古墳が廻り山古墳、廻り山古墳が森山古墳とよばれていることがわかった。つまり、戦後になって古墳の名称のとりちがえを生じたらしい。これは両墳がともに字廻り山に所在しており、どちらも廻り山古墳で正しいこ

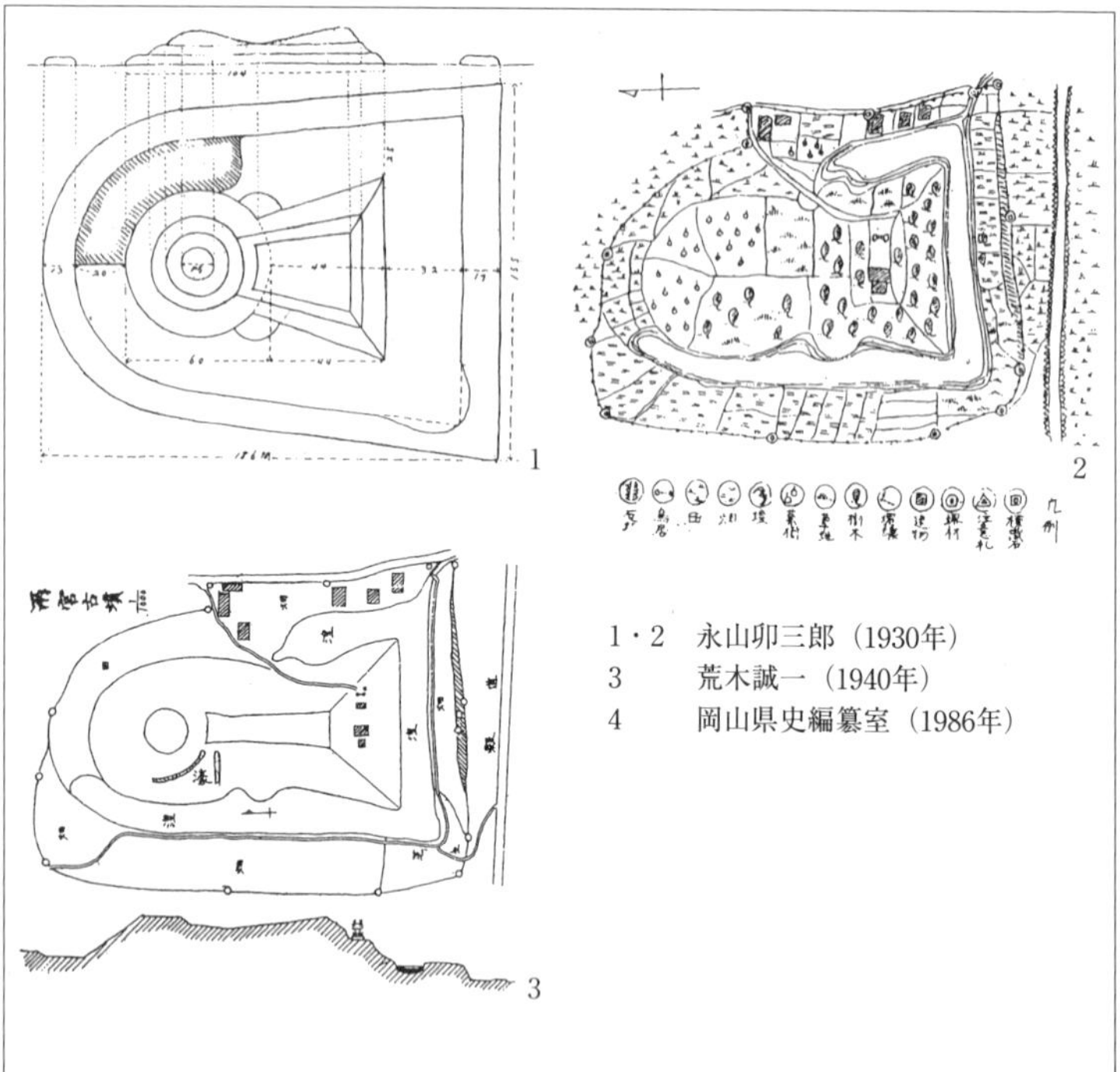
1
2
3
4
1・2　永山卯三郎（1930年）
3　荒木誠一（1940年）
4　岡山県史編纂室（1986年）

図９　墳丘の測量図

とに起因する。梅原末治は森山古墳を西モリ山古墳とよんで混乱を避けているが、案外、かつては廻り山のルビはもりやまであったのかもしれない。名称の修正を行うのも一案ではあるが、無名の古墳ならまだしも、いちじるしい混乱を生じそうであるためそれは行わず、西側にあるのが森山古墳、東側にあるのが廻り山古墳という名称で通すこととする。

2　戦後の研究

古墳の年代　研究が進むのは戦後になってからである。両宮山古墳の場合、墳形の特徴と周濠をともなうという点以外に年代を推定する手がかりがなく、周辺の古墳も年代を明確にできる資料が少なかったため、この問題については埴輪編年の確立、墳形の評価の確定、石棺研究の進展などを待たなければならなかった。

西川宏は吉備地域に関する考古学的研究をまとめた『吉備の国』において、両宮山古墳を含む吉備の三基の大古墳の墳丘・墳形について詳細な検討を行い、両宮山古墳については全長一九二メートルという計測値を示すとともに、三基のうち最も後出し五世紀後半の築造とする見解を示した。

また、春成秀爾は「備前の大形古墳の再検討」において、備前地域の首長墳の動態について整理・検討するなかで両宮山古墳および周辺の古墳の評価を試みた。それぞれの古墳にともなう埴輪資料を提示し、朱千駄古墳、小山古墳といった周辺の前方後円墳の年代は両宮山古墳の年代よりも大きくさかのぼるものではないことを指摘した。それまでは、小山古墳の石棺が刳抜式であることや朱千駄古墳で長持形石棺が使用されることから、それらの年代を古く見積もり、小山古墳を前期、朱千駄古墳を中期前半に位置づけ、この地域において前期以来首長墳が継続的に築造されたと判断されていたが、それに修正をせまるものであった。

そして、『前方後円墳集成』において筆者が担当することになった備前地域の古墳の編年作業と評価では、それぞれ古墳の編年上の位置を推定し両宮山古墳の年代は七期（中期後半）と判断し、朱千駄古墳など他の古墳もそれと同時期かつづく時期と考えた。

このほか年代に関する論ではないが、吉備の三大古墳の概要の紹介と位置づけを論じたものとして葛原克人の一連の論考がある。

墳形の検討　前方後円墳の墳形の型式分類、その設計に関する研究は以前から畿内の巨大古墳を中心に行われていたが、研究の進展にともない、墳形の比較検討にもとづく年代の推定や地方と畿内の首長間関係についての考察が可能となり、吉備の三大古墳も重要な検討資料としてとりあげられることになる。

前記の春成の論考においては、墳丘全長や後円部径など計測値の比較をもとに両宮山古墳墳形の検討が試みられ、大阪府百舌鳥《もず》御廟山古墳と同形・同規模の可能性が指摘された。

それにつづいて上田宏範は造山・作山・両宮山の三基の墳形を分析し、畿内における巨大古墳の型式変化と吉備の巨大古墳のそれはよく対応することを述べ、両宮山古墳については春成と同じく百舌鳥御廟山古墳と同形・同規模との判断を示した。

こうした墳形の比較検討は計測値の比較のみでは精密に行いがたいため墳丘測量図の作成がのぞまれるところであったが、樹木が鬱蒼と茂る巨大古墳の測量は容易なことではなく、それは一九八六年の『岡山県史』考古資料編の刊行を待つことになる。

県史編纂事業において航空測量が実施され、三基の巨大古墳が資料化された。両宮山古墳についてては北の和田茶臼山古墳から南東の森山古墳にいたる範囲の図化がなされ墳丘・周辺地形・陪塚の規模や位置関係が示された。

この資料をもとに墳形を検討した石部正志・田中英夫・堀田啓一・宮川徏らは前方部の広がりが大きいことから両宮山の墳形は畿内の大阪府軽里前之山（軽里大塚）古墳と同一設計と考えた。

一方、大王墳の築造規格の変遷とそれが地方に導入・受容される状況について研究を進めた岸本直文は、大仙古墳の五分の二規模の相似墳であるとした。この後、岸本は築造規格の研究をさらに進めて築造の際に用いられた基準尺度の推定を行い、古墳の設計は六尺を一歩とする単位にもとづいてなされたと考え、両宮山古墳の墳丘長は一四〇歩であったとしている。

なお、『岡山県史』測量図の問題点と再測量のいきさつは次章に記しており、本書で用いる墳丘測量図もこれにもとづいている。

資料の蓄積　さて、両宮山古墳群に関する発掘調査は今回がはじめてかといえばそうではない。件数は少ないがいくつかの調査や研究によって資料が蓄積され、先に述べた年代についての研究も徐々に進んでいった。

一九七四年には森山古墳の周濠・周堤部について確認調査が実施された。これは森山古墳の一角で造成工事が開始され破壊の危機にさらされるという事態が発生したことによるものであり、当時山陽団地造成にともなう発掘調査にあたっていた神原英朗が保存協議資料収集のため確認調査を実施した。調査では水田畦畔からその存在が推定されていた周濠・周堤の存在が確認され、墳端には葺石が良好に遺存することが判明するとともに、多量の埴輪片資料が得られた。

つづいて一九七六年には正岡睦夫によって森山古墳、廻り山古墳などの埴輪や須恵器の紹介がなされる。

一九九二年には朱千駄古墳の確認調査が実施された。墳端付近の下がりが検出され、後円部径の推定が可能になるとともに良好な埴輪資料が出土した。それまで埴輪は小片が少量知られるのみであったが、これによって朱千駄古墳の年代をほぼ確定できることになった。一九九四年には森山古墳と両宮山古墳の間で発掘調査が実施された。ここでは削平された径二三メートルの帆立貝形古墳ないし円墳とみられる正免東古墳が検出され、いわゆる陪塚が森山古墳と和田茶臼山古墳の二基だけでないことが判明した。

また、両宮山古墳そのものに関しては一九八〇年に中堤の調査が実施された。前方部前面の中堤に設けられた樋管改修にともなう調査であり、中堤を切断する大トレンチを入れた形となり、その構造が明らかになった。中堤の上部は後世に溜池として利用するために盛り上げられたものであり下部が本来のものであること、盛土工程中に柱穴とみられる大形の掘り込みが設けられているといった重要な成果が得られた。

これ以降の調査が、次章に示す二〇〇三年の墳丘の測量調査、そして二〇〇三〜〇五年の確認調査である。

以上、両宮山古墳についての研究を整理した。築造年代については五世紀の後半で一致を見ている。当然のことながら築造の実年代を求めることは不可能に近い。相対的な年代、つまり古墳編年上の位置をより詳細なものとしたいが、本墳の場合これはなかなかむずかしい。古墳研究の進展と相まって、一九八〇年代以降課題となったのは墳形の検討である。それは畿内の大王墳との関係を墳丘から読み取ろうとする研究で、現在もなお継続して進められており、本書でも重要な視点としている。

3　古墳の評価と記紀—「稚媛伝説」について

本書のなかには「稚媛《わかひめ》の里」という語句が何回か出てくることになる。稚媛とは『日本書紀』に登場する人物である。

ここでは考古学から両宮山古墳の評価を試みており、また、文献の解釈については筆者は門外漢というほかない。しかしながら、両宮山古墳に関して『日本書紀』の記事をもとにした解説が一般化しており、どこまでが史実でどこまでが解釈であるのか、少々わかりにくくなっているようである。一方で、『日本書紀』に記された吉備の豪族の姿は、吉備の古墳時代研究においてもしばしば一定の比重をもって扱われたり念頭に置かれてきた。

この資料の紹介をかねて、「両宮山古墳は、田狭の墓ではないかといい伝えられています」という「稚媛伝説」について少し説明を加えておく。『日本書紀』には以下のような記載がある。

A．官者吉備弓削部虚空が一時帰郷すると、吉備下道臣前津屋が虚空を使役してなかなか上京させなかった。そこで雄略天皇は身毛君大夫を遣わして虚空を召還した。虚空の報告によれば、前津屋は吉備で女性や鶏を闘わせ、天皇を侮辱する行為を行っていた。怒った雄略は物部の兵士三〇人を派遣して前津屋とその一族七〇人を皆殺しにした。（雄略紀七年八

月条）

B．吉備上道臣田狭の妻の稚媛が非常な美女と聞いた雄略天皇は、田狭を任那国司に追いやり、稚媛を奪った。任地でこれを知った田狭は、怒って新羅と同盟して反逆を企てた。その頃、新羅は朝廷に従わなかったので、雄略は田狭の子の弟君と吉備海部赤尾を遣わして、新羅討伐と百済の才伎の貢上を企図した。しかし、弟君は新羅を討たず、才伎も貢上しなかった。これを知った田狭は、弟君にともに反逆することを勧めた。ところが、弟君の妻の樟媛はこの反逆を悪み、夫を殺して赤尾とともに百済の才伎を連れ帰った。（雄略紀七年是年条）

C．雄略の死後、吉備稚媛とその子星川皇子は、王位を簒奪しようとして大蔵官を占拠した。これに対し、大伴大連室屋と東漢直掬は、雄略の遺詔にしたがって清寧を奉じ、星川・稚媛・星川の異父兄兄君、城丘前来目を燔き殺した。

吉備上道臣等は星川皇子を救援しようとして船師四〇艘を率いて吉備を出発したが、すでに星川皇子らが亡んだことを聞いて空しく引き返した。清寧は上道臣等のこの行動を譴責して、その領する山部を奪った。（清寧即位前紀）

（湊哲夫による）

これが吉備の反乱記事とよばれるものであり、『日本書紀』には人名や関係が少し異なる、異伝も併記されている。

このうち、関係するのはB・Cの部分である。律令制下の上道郡は岡山市の東部、旭川の東岸平野を中心とする地域であり、赤磐市南部に接する一帯である。そして後述のように五世紀後半の古墳の様相から、この地域と赤磐市南部は一体の領域とみなすことができ、五世紀後半の築造である両宮山古墳と上道氏との関係を考えることは無理ではない。

そこまではよいとして、事実関係を整理しておくと以下のようになる。

(1)「稚媛伝説」は地元で伝承されたのではない。

両宮山古墳には古くからの伝承はなかった。というより、墓と認識されたのも明治時代になってからであることは先に述べたとおりである。『古事記』や『日本書紀』の記載がとりわけ重視された戦前の文献でもこの種の話は出てこない。

地元に伝わった説話ではなく、これは記紀の記載B・Cと戦後の考古学的な評価をあわせて作成された古墳の解説である。

(2)『日本書紀』の記載は史実そのものではない。

上記の話はまったくのお話ではなく、ある程度の史実を含む、あるいは反映したものであると考えられるが、脚色された説話であって史実・歴史上のできごとではない。話のなかには矛盾や不合理な点が多く、また任那国司という官職はなかったことが指摘されている。二百数十年の時を経て五世紀の話が八世紀に文章化されたのである。

この吉備の反乱記事については、古代史の研究者によって検討がなされており、数多くの論考がある。日本古代史研究の成果を簡単にまとめることはむずかしいが、代表となる見解を提示すれば、〈全国的な専制支配体制の確立をめざした雄略大王に対して、その地位をおびやかされることになった吉備の大首長が対立・衝突したことを物語っており、それは大王位の簒奪を志向するものであった。また、異伝の内容から、吉備氏は中央の有力豪族である葛城氏と連合関係を結んでいたとみられる〉という吉田晶の評価である。

この記事と年代・地域が重なってくる両宮山古墳の評価において、日本古代史研究の成果を参照することは必要である。いちがいに記紀の記載を否定するわけではなく、「古代のロマン」に水をさすわけでもないが、上記のことがらを承知しておく必要がある。

Ⅲ　調査の経過——測量と発掘

1　墳丘の測量

筆者が両宮山古墳の調査に携わったのは二〇〇三年からである。

四月に着任。六月からは両宮山古墳に隣接する備前国分寺跡の調査が予定されており、調査がはじまってしまえばそれに忙殺されるだろうことは容易に想像でき、この二カ月をどう活用するか少し考えてみた。

案の一つは冬には両宮山古墳の調査を実施することではあり、周辺遺跡の資料充実のため、両宮山古墳に近接して所在する古墳のうちいずれかの測量図を作成すること、もう一つが、かつて調査が実施されたものの報告書が刊行されておらず、知る人ぞ知るという状態になっていた森山古墳の調査報告書の作成である。そんな計画を考えて元の上司である松本さんに相談してみたところ、「調査の主眼は両宮山古墳だから、その測量をやったら。他はいつでもできるだろう」という意見。それまで検討に用いられていた墳丘測量図は岡山県史編纂事業において作成されたもので、周辺地形を含む詳細な航空測量図である。県史編纂という大事業においてはじめて作成されたすばらしい測量図であり、発表された当時、他の巨大古墳の測量図とともに刮目して眺めたものである。とはいえ、以前、墳丘の詳細な検討を試みたことがあったが、後円部南西側の大きな平坦面がまったく図にあらわれていなかったり、北西の造り出しの形状が明確に表示されていないなど、墳丘部分に関しては図面にいささか問題があることは気にかかっていた。しかしながら全長が二〇〇メートルに近く、高さが他とはくらべものにならない本墳の測量となると、過去にいくつか手がけた大形古墳の測量の困難さからみて、少人数では手に余ることは明白であり、正直、着手には躊躇した。

　周辺の古墳については別の機会もあろうし、とにかく段の位置と墳端の概略だけでも把握できたら可とすべきだろう。とにかく二、三日作業してみよう、うまくいかなければ止めようやと、同僚の大熊さんと測量基準点の設置に着手した。

　進入路に最も近く、一部はヒノキの植林がなされていて条件のよい、北東くびれ部から測量にかかった。下刈りを二人でやっていたらそれだけで一年かかってしまいそうであったため、とにかく強引に測ってみることにした。何日もかかってようやく一枚の図面が仕上がったが、そこに表れたのは一〇〇分の一の測量用紙からはみ出し気味の造り出し部分である。これが県下最大の大形方墳の測量ででもあるなら、もう目処は立ったといえるところであるが、今回はまさに氷山の一角。しかしもうちょいがんばってみようやと、以降、後円部東側に進み、前方部上へ出、前方部前側の斜面にまわった。神社の境内は容易であったが、そこから先がたいへんで神社下側の斜面の測量にかなりの日数を要することになった。考えてみれば前方部前面の一一八<ruby>メートル</ruby>という幅は県下のあらかたの前方後円墳を飲み込む長さであり、難儀も当然といえようか。

そのあたりまで進むと、なんとかなるのではないかと思えてきて、前方部北西側面、北西造り出しにかかり、後円部西斜面を済ませて後円部後端に出て行った。前方部北西側面から造り出しにかけての部分は保存状態がよく、粗いながらも極力ていねいに測量を行ったが、後円部後端は急斜面になっており、ごく大雑把に測ることになった。

こうして二カ月をかけて測量を終えた。図面としてはおおまかなものであり、将来再測量が必要であるが、墳丘の概要を把握するにはまず十分なものを得ることができた。航空測量図は樹木に影響されて墳丘がかなりふくらんで表示されていることがわかり、墳形はややスリムなものになった。また、墳丘規模もより正確な数値を得ることができた。

墳丘・墳形の詳細は次章において述べるが、墳丘の隅々まで歩き回ったわけであり、あそこにタヌキの巣穴があってここは踏み抜くとあぶないといったことから、墳丘各所のテラスの存在状態、また、どの断面にも礫も埴輪も見られないことなど、墳丘を詳細に観察できたのも大きな成果である。

2　二〇〇四年の調査—外濠と和田茶臼山古墳

夏から秋にかけての備前国分寺跡の発掘調査を経て、冬には両宮山古墳の確認調査の実施をむかえる。第一次調査によって両宮山古墳には外濠が存在するとみられ、和田茶臼山古墳は帆立貝形古墳ないし造り出し付き円墳らしいという調査結果が得られていたため、第二次調査の主眼はそれら

図10　発掘調査状況（トレンチ10）

の確定である。
　畦畔の形状から外濠の位置を推定し、三カ所にトレンチを設定し掘り下げることとした（図14）。外濠部分で最初に着手したのが後円部西側のトレンチ一九である。予想どおり地山は急勾配で下降していき、埋土は中世の土器を含む黒色土となる。外濠の堆積土である。そこまではよかったが、地山はどんどんと下降をつづけて地表下二《メートル》を越え、底はさらに深いということがわかった。結局、壁面がとても保持できそうにないためこのトレンチは底までの掘り下げをいったんあきらめ、埋め戻し直前に掘り下げて最下部の土層断面の実測を完了することとした。となりのトレンチ一八も似たようなことになる。東のトレンチ一〇では濠底は地表から二・〇《メートル》と浅かったが、いちじるしい湧水に悩まされることになった。こうして両宮山古墳の後円部側に深い外濠がめぐることが明らかになった。
　一方、和田茶臼山古墳（図27）のほうは順調にトレンチを掘り進めたが、前方部北側面のトレンチ一四の端、周濠の縁から九《メートル》外側にあたる地点で古墳の周濠とみられる下がりを検出した。まず

図11　現地説明会（2004年１月）

考えられるのは別の古墳が北側に所在していることであるが、この古墳も内外二重の濠をともなうという可能性も考えられた。この解明のため前方部前面側にトレンチ一七を設定して掘り下げたところ、やはりほぼ同様の距離で古墳の周濠を検出でき、二重濠の可能性が濃厚となってきた。しかし二カ所だけでは周囲に小墳が密集して設けられている可能性も否定はできなかったため、後円部側にさらに三カ所のトレンチを追加し、そのいずれにおいても濠の存在を確認し、本墳に外濠がともなうことが確定できた。

予想どおりというべきか、両宮山古墳、和田茶臼山古墳の双方とも濠の堆積土には埴輪も大形の礫もなく、埴輪・葺石の両者がなかったと判断できたが、トレンチの掘り下げが比較的順調であったのもそれによるところが大きく、埴輪や葺石が崩れ込んでいたならトレンチの追加はむずかしかっただろう。

3　二〇〇五年の調査―外濠南部と中堤

二〇〇五年の第三次調査の課題は、外濠が前方部側をめぐり完周するかどうかという点と、中堤の概要を把握することである。

中堤と墳丘の間は内濠であるが、この部分は現在両宮池とよばれ、農業用溜池として利用されている。水濠をもつ多くの古墳がそうであるように、長年にわたって浸食を受けて波打ち際が外側に後退し、岸辺は庇《ひさし》状に突き出した形状となっている。この部分が台風や大雨によって崩れるようになり、保存工事の実施が大きな課題となっているのだが、池の岸、つまり中堤の内側斜面の傾斜や深さ、さらに中堤の構築状況などを知る必要があった。

調査は池の水が必要でない冬場であったため地元にお願いして池の水を抜いてもらい、中堤の内側斜面に二五㍍間隔でトレンチを設定し、順次掘り下げていった。堆積土は砂～砂質土で中世の遺物を含み、その下に盛土が現れる。堆積土が浅く、すぐに盛土となる箇所があると思えば、掘っても掘っても堆積土というトレンチもある。調査によって中堤がさらに崩れるということがあってはまずいので盛土の掘り下げは最小限度にとどめたが、盛土は上下二層に大別できること、また、下層につづいてすぐさま上層が盛られたのではなく、若干の休止期間をおいて施工された可能性が強いことなどが判明した。

一方、外濠であるが、前方部前面のトレンチ四三は現地表からの深さほぼ一㍍と浅く、やや拍子抜けといいたいところであるが、基盤層が堆積層であるため底面を把握しづらく、流木とみられる木材を含むこの土が古墳の築造以前か以後かという判断にかなり時間を要することになった（その土層は古墳以前の流路と判断した）。墳丘の南西側面側のトレンチ四九はさらに手ごわく、前方部外側では地表下二メートルで濠底を確認したものの、長さ一二メートルのトレンチ内に外濠は収まらないことがわかり、新たにトレンチ五〇を設定することになった。つまり、外濠の幅は前年度調査で確認した一四メートルという幅ではなく、二〇メートル近い幅であることが明らかになってきたのである。最後に掘った南西造り出し外側にあたるトレンチ二八では設定した田面が広かったため外濠全体を検出することができたが、濠中央部の底は地表下四メートル以上と深く、それを埋める堆積は砂礫層であったため、底面までの掘り下げは断念せざるをえなかった。濠全体の断面形を把握する得がたい機会であったのだが。それにしても全長三〇メートルの断面に単体の遺構が広がるというのはめったにあることではなく、改めて巨大古墳の規模というものを実感することになった。

　こうして、寒風のなかの調査も、春の日差しが多くなる頃にどうにかすべての記録を取り終えて終了をむかえることができた。この間に山陽町は合併によって赤磐《あかいわ》市と名を変えることになった。

4　整理作業と報告書の刊行

　調査が終わってそれで全作業終了というわけではない。調査中に遺物の水洗は終えていたため、堆積層の年代を示す土器類、また、重要な遺物を順次ピックアップし、実測作業にかかる。出土した遺物のうち、どれを実測するか選別するのは重要な作業で、その過程で、堆積層の年代について調査中の判断に誤りはなかったかどうか検証を進めることになる。また、それに併行して、現地で実測した断面図や測量図を適当な大きさに縮小し、製図作業にかかる。場合によっては基準点の誤記もあり、そうした点をチェック、修正して印刷用の図面に仕上げていく。

その作業を終えたのちに各トレンチの概要、調査の成果といった原稿の作成を行い、さらに文章と図面のレイアウトを調整し、順次頁をつくっていく。また、調査中に撮影した写真を選んで写真図版のレイアウトをつくり、新たに遺物の写真撮影を行う。

作業がかなり進んでからまちがいに気がついてやり直しになることもあり、手際よくというには程遠いものの、本の形が少しずつできてくる。

それがまとまった段階で原稿を印刷屋さんに渡して一段落。遺物は必要に応じて取り出せるように収納して収蔵庫へ。原稿のほうは数度の校正を経たのち印刷・製本、納品となる。図面主体で、読んでおもしろいものでは決してないが、調査成果をまとめた報告書の刊行をもって発掘調査の全作業が一応の終了となる。以降は調査成果に関しさらに研究を深めること、そして、リーフレットなどの作成となる。

Ⅳ　両宮山古墳の概要

1　古墳の立地

　赤磐市南部の盆地状平野の西側には標高四五八㍍《メートル》の本宮高倉山を最高所とする山々が所在しており、両宮山古墳はこの山の南東麓に形成された扇状地状の斜面に築造されている。墳丘主軸は等高線に直交して斜面の方向にあわせてあり、後円部が北西、前方部が南東に向く。後円部側外濠外側が二四・六㍍《メートル》、前方部側外濠外側で一六・九㍍《メートル》を測り、前方部側に七・七㍍《メートル》下降する。盆地状をなす平野の中央ではなく西の山麓にやや入り込んだ位置に立地するため、古墳から、また古墳への眺望はかならずしも良好とはいえず、東西の方向から近づくと突然巨大な墳丘が見えてくることになる。

　墳丘の南西側は幅一〇〇㍍《メートル》の浅い谷状の地形をなし、その北西には備前国分寺跡が所在する南向き斜面が広がる。また北東側は山間から出ていく谷の出口付近にあたり、東の丘陵までの間一〇〇㍍《メートル》が同様に浅い谷状をなす。つまり、両宮山古墳は大小二つの谷状地形に挟まれた舌状の高まりを

図12　墳丘下出土の弥生土器

選地しているわけである。和田茶臼山古墳が後円部北側に、森山古墳が前方部前面と、両宮山古墳群は北西—南東方向に細長くのびた分布を示すが、これは本書の後半に示す要因にこの地形が加わって形成されたものである（図4・8）。

将来削平された陪塚が確認されるとすれば北西側か南東側が候補地となる。西の備前国分寺跡付近という可能性はなくもないが、国分寺跡の発掘調査では古墳時代関係の遺物はわずかしか出土していない。なお、南東の森山古墳の周堤前面、山陽自動車道の北側付近で古墳群が所在する高まりは終わり、その下方には東に向かって緩やかに下降する広い低位部が広がる。

こうした地形を反映し、両宮山古墳後円部後方には畑や果樹園、棚田状の水田が広がっており、南西・北西の両側から前方部前面側にかけては水田域となる。

通常は水面下となっているが両宮山古墳後円部西裾には岩盤が露出しており、後円部付近には地形の高まりの核となる低丘陵が所在するとみられ、墳丘はそれを利用して構築されていると推定される。なお、墳丘盛土下には弥生時代後期前葉の遺構が認められ、この低丘陵上に弥生時代の集落も営まれていたとみてよい。

2　古墳の現状

前方部側外濠の外側から外濠にかけての部分には主要地方道岡山吉井線が所在するが、それにそって商店や住居からなる家並みが、また、中堤の東側には北に向かう道路にそって集落が形成されている。

墳　丘　後円部後端側斜面に梅林が見られるが、かつては墳丘のかなりの部分が畑や果樹園として利用されていたようで、各所にその痕跡が認められ、とくに後円部東側斜面はかなり最近まで果樹園であったらしい。畑の造成の影響がとりわけ大きいのが後円部で、後円部頂がやや楕円形になり後円部西側中段に大きな造成面が形成される。また、後円部後端側は大きく削られて急斜面となっており、墳端付近には畑が設けられていた（図14）。

こうした後世の土地利用のため、後円部後端斜面側にかろうじて中段テラスが残る程度で、大部分のテラスは埋没している。このほか、北東くびれ部は流水によって谷状のえぐれが生じている。

前方部のうち南西側は総じて保存状態がよいのに対し、北東側はかなり削平や改変を受けている。とはいえ北東造り出しの南側にも、やや狭くはなっているが中段テラスが遺存する。前方部前側斜面の中央は造成されて神社が設けられている。神社下方斜面ではテラスは明確ではなく埋没しているようである。

ところで、両宮山という古墳の名称は後円部と前方部という古墳の形状にもとづくかに思われるがそうではなく、この神社の名前に由来する。神社は両宮神社とよばれることが多いが、伊勢神社という名称をもつ。両宮の名称はここに伊勢神宮の内宮・外宮を祀ることによるという。

現在、墳丘の大部分が山林にもどり、クヌギやカシ、笹などが繁茂している。

内濠　内濠の北部、全体の約三割は埋没して大部分が水田となっているが、中堤よりも一段低い水田面はなお内濠の形状をよくとどめている。内濠の残り、後円部西側から前方部の周囲を経て北東くびれ部に達する部分は濠の状態をとどめており、前方部前端から中堤までの長さは満水時で四一メートル、前方部南隅角から中堤までの長さ四八メートル、水深三メートルを測る。現在、溜池「両宮池」として利用されており、北の高倉山山塊を発する谷川の水を受け、南に広がる穂崎地区の水田をうるおしている。

中堤　内濠の周囲には中堤が遺存する。前方部北東側・前面・南西前方部～くびれ部側上面は畑や果樹園として利用されており、北東くびれ部側は宅地となっている。後円部側は水田であるが休耕地となっている部分も少なくない。中堤西隅と中堤の中央には樋が設けられ、中堤東隅には荒手（余水吐《よすいはき》）と樋が設けられている。

前方部前面中堤外側には上面から一・一～二・〇メートル低い位置に幅四メートル前後の段があり細長い畑として利用されているが、ほぼこの段よりも上側は池の容量を増すために後世に追加された盛土であり、それ以下の、外側水田面からの高さ一・七メートルの部分が本来の規模であったことが明らかになっている。

後円部後端側上面はほぼ水平で、確認調査によって外濠を検出するまでは中堤の幅は認定できない状態であった。

外濠　調査によって中堤の外側に外濠が所在することが明らかになったが、完全に埋没しており、後円部後端側以外では地形の変化や畦畔の形状からその存在をうかがうことはむずかしい状態であった。後円部北西外側には弧を描く畦畔線が長さ五七メートルにわたって認められ、水田面は上と下で一・二メートルの差がある。確認調査の結果、この畦畔は外濠の外側肩の位置をほぼ示すことが判明した。弧を描き遺構の形状を示すのはこの部分のみであるが、調査結果からいくつかの畦畔線は外濠肩の位置を反映していることが判明した。

3　調査の成果

(一)　墳丘

規模　両宮山古墳の墳丘全長は西川宏による計測値一九二メートルが長く用いられてきたが、二〇〇三年に実施した測量によって一九四メートルとすべきことが明らかになった。これは現水面上での墳丘規模であり、濠内に墳端が没している他の古墳との比較を行う場合にはある程度の意味はあるが、実際の大きさを示すものではない。

二〇〇五年に実施した中堤の調査では可能なかぎり内濠の水を抜いたため、水面下の墳丘が現れることになった。この部分については測量を行い現況での傾斜変換点も把握できたが、それがそのまま墳端の位置を示すとはいいがたい。図13に示すように、次善の策として長さ一・五メートルのピン

図13　墳端の推定

ポール（鉄棒）で堆積層下をさぐってみたところ、墳丘は斜めに下降をつづけ、現傾斜変換点に近い位置で二段に下降することが明らかになった。堆積土中に礫を含む部分ではピンポールが通らないし、実際に断面を見ることができないという欠点は大きいが、墳形を把握するための手がかりを得ることはできた。

トレンチを掘ればことは簡単であるが、堆積土の上面から墳端までの深さが一・五《メートル》前後あり、この深さは池の底樋よりも深く、また、外側からの水の流入を完全には遮断できないため、よほど大仕掛けな排水設備でももってこないかぎりその深さまでの掘り下げはむずかしいと思われる。実施可能かどうかわからないが、将来は地中レーダー等による探査を試みたいものである。

確認した二段の下がりの性格はよくわからないが、上側は段のような急斜面になるようで古く形成された汀線ではないかと考えている。下側の斜面も水によって形成されたのか、本来の斜面であるのかは不明であるが、前者であったとしてもこの下がりの基部の若干外側に本来の墳端が所在したことになる。

以上の作業を経て得たのが図14に示す墳形である。以下その数値を示せば墳丘全長二〇六《メートル》、後円部径一一六《メートル》、前方部長さ一一〇《メートル》、同幅一四五《メートル》である。

墳端が水平でないため墳丘の高さは測点によって異なる。前方部の高さは前方部前面から二五・一《メートル》、後円部高さは後円部西裾からで二三・九《メートル》である。前方部頂の標高四二・〇〇《メートル》に対して後円部頂の高さは四一・一〇《メートル》であり、前方部頂の高さが後円部頂の高さを少し上まわる。墳端が低くなる前方部側をより高くしているわけであり、前方部が高くなるこの時期の前方後円墳の定式に則るため、膨大な労働力を投じたことをうかがわせる。

かつての畑の造成によって墳丘斜面のテラスはかなり失われているが、前方部南西側は保存状態が比較的よく、中段、下段テラスが残り、三段の築成であったことが明らかである。

後円部　後円部西半に見られる広い平坦部は畑の跡であり、原形をとどめるのは後円部北側の中段テラスのみであるが、畑跡の下方に部分的に中段テラスの痕跡とみられる緩斜面がみられ、西斜面下端にも下段テラスを反映するとみられる緩斜面が認められる。

下段の高さ五《メートル》、テラスの幅四《メートル》と推定され、中段の高さ五《メートル》、テラス幅四《メートル》、上段の高さ一三・六《メートル》を測る。墳頂部径の復元はむずかしいが二三《メートル》と考える。上段斜面の傾斜は三〇度である。

図14　両宮山古墳墳丘（数字はトレンチ番号）

前方部

南隅角部分には中段・下段テラスが遺存し、この二つの段は前方部南西側をくびれ部にむかってのびる。下段・中段テラスの幅は側面で四メートル、前面では五・五メートルと広くなる。南西くびれ部から前方部隅角にむかって中段テラスは二・三メートル上昇し、前方部頂は前方部上面が最も低くなるくびれ部上方よりも五・七メートル高くなる。上段斜面の傾斜は南西側面で三六度と急傾斜をなす。

造り出し

本墳の墳丘構造で最も大きな特徴となるのが造り出しの形状である。

通常、中期古墳においては造り出しは下段テラスよりもわずかに低い位置に設けられるが、本墳の場合、南西造り出しは中段テラスを分断して上段斜面の下部に達し、墳端から約一二メートルと通常の倍以上の高さをもつ。さらに下段テラスは残存幅二メートルの平坦面となって造り出しの中ほどをめぐっており、造り出しが二段築成になるとみられる（図26）。北東の造り出しは畑造成の際に上側から土が押し出され、かなりの改変を受けているため南西のそれのように詳細な観察は困難であるが、やはりきわめて高いものであったと判断してよい。

なぜこのようなきわめて高い造り出しが構築されたのか推定はなかなかむずかしい。本例に最も近いのが奈良県室宮山古墳の張り出し部（図75）であるが、これは前方部中ほどに設けられて埋葬施設をもち、また別に通常の造り出しが設けられているため直接の関係は考えにくい。もう一つ、これは可能性の指摘にとどまらざるをえないが、大仙古墳（図59）はくびれ部両側の造り出しがかなりの高さをもつ。造り出しがもともと高いのか崩壊した墳丘が上に乗って高くなっているのか不明であり、復元案も造り出しが二段目からものと一段目からの二者がある。墳丘の崩れがいちじるしいため、そのいずれが正しいのか判断しがたいが、高い造り出しが設けられた候補ではある。

もっとも、他にモデルがあるのではなく、両宮山古墳独自の設計の可能性を考えたほうがよいかもしれない。

墳丘の外表施設

両宮山古墳最大の問題が外表施設についてである。

古墳の外表施設は通常、葺石と埴輪を指す。これは中期の大形古墳においては一般的に見られる要素であり、三段築成・葺石・埴輪の三者が首長墳の指標とみなされることも多い。築造当初の古墳は、現在のように鬱蒼とした緑の小山ではなく、石の山に見まがうものであったこと、そしてそのためにかなり離れた箇所から石材が搬入される場合すらあったことが知られている。また、形象埴輪と円筒埴輪によって構成される埴輪列は古墳のきわめて重要な構成要素であることがこれまでの研究から明らかとなっている。

両宮山古墳の墳丘に関しては確認調査を実施していないため完全に確定できたわけではないが、以下の理由から埴輪と葺石が設けられていなかったと判断した。

ここ両宮山古墳においても大きな問題となっているが、水濠が墳丘をめぐる巨大古墳の場合、墳丘は波浪によって浸食され墳丘側の波打ち際は崖状になる。その断面には墳丘上から崩落した葺石が堆積層を形成し石材の間に埴輪片が混在する状況が現れ、場合によっては円筒埴輪列が露呈することすらある。また、そうした状況は見られずとも、崩落した石材や埴輪の小片が池の汀部分に散在する様子を遠望することも少なくない。古墳においては墳裾に上方の遺物が堆積することは当然であり、内濠の大規模な改修がなされていないかぎりそうした状況が見られるわけである。

両宮山古墳の場合、墳裾の崖面に堆積層を見ることができるが、そこには埴輪片も石材も含まれていない。また濠の水面が下降して現れる斜面においては弥生土器の小片が認められることがあっても石材や埴輪片は一点もない。後述の外濠・中堤の調査においては前方部側外濠の堆積層中から埴輪片が若干量出土したものの、これは森山古墳あるいは正免東古墳から流入したものと考えてよい。前方部側の中堤の調査で出土した数片はトレンチが内濠側の斜面であるため唯一問題となるが、現中堤の上部は中世の遺物を含む盛土がおそらく近世に追加されたと判断しており、そのなかから流出・再堆積したと考えている。また、中堤・外濠の調査によって、中堤の内濠側および外濠側の斜面は双方とも葺石が設けられていなかったことが判明した。

こうした状況から、両宮山古墳には葺石と埴輪が設置されていなかったと考えている。このことについての評価はまことにむずかしく、ここでは特異性を指摘して先に進み、第Ⅸ章において考察を試みることとする。

(二) 内　濠

濠の底面幅は前方部前面が推定二八メートルであるのに対し、後端側では二三メートルと狭くなる。中堤の前方部内濠側の基部が一六・六〇メートル、前方部前面墳端の高さ一六・九〇メートル、後円部西側墳端の高さ推定一七・二五メートルであり、同じ比率で墳端が上昇するとすれば後端での墳端は一七・五〇メートルで、濠底は前方部側に向かって傾斜をもつが、地形の勾配よりもはるかに緩やかであり濠底がなるべく水平になるよう努めた結果であろう。

濠底が最も深くなるのは余水吐が設けられてい

る東入角ではなく南入角である。この部分から北東の前方部前面と北西の前方部側面の二方向の濠底中央に谷状の深みがのびることが過去にほとんどの水を落とした際の写真や調査時の観察から明らかである。かつて中堤の南隅が崩れて池ではなくなった時期があり、濠底に流路が形成されたのではないかと考えている。

なお、濠中央部の状況は不明というほかないが、墳端・中堤基部外面の状況から濠底の断面は浅い弓なりのカーブを描く可能性が考えられる。それが本来のものであるのか築造後の浸食・改変によるものか不明といわざるをえないが、森山古墳周濠底面、和田茶臼山古墳内濠底面はともに水平に近い形状であることからすれば、元は本墳の濠底も平坦なものであった可能性が強い。

内濠は現在満々と水をたたえるが、これは後世の改変の結果である。墳丘の端部に二段の斜面が形成されており、少なくともそのうちの上段はかっての汀によって形成された可能性を考えたが、この形状は中堤の基部においても推定できる。汀であったとしてもそれが築造当初のものであるかどうかは不明といわざるをえないが、過去の水面の位置を考える唯一の手がかりである。この急斜面のうち下側の高さや他の古墳の事例を参考にすれば、内濠の水深は浅ければ七〇センチ程度、深くても一メートル以内ではなかったかと考えている。この推定が正しいとすれば、後円部後端付近はどうにか水がある、もしくは水面から出ていたということになる。

現在、池は谷川からつづく水路によって導かれた水で満たされているが、築造時には外濠が外側からの水の流入を遮断していたわけである。中堤に囲まれた範囲に降った雨水と地下水の湧出のみでこの水位が維持されたのかどうかは推定がなかなかむずかしい。雨の少ない季節には空濠の状態になっていた可能性もあり、場合によっては外濠からの水を引き込む水路が中堤を切断して設けられていた可能性もあるだろう。

(三) 中　堤

古墳築造以前の地形は前方部側、前方部南隅角側に向かって下降している。この傾いた地形に対して延長九六〇メートルの堤を構築しているわけであり、後円部後端側二六〇メートルの区間は地山の削り出しによって、それ以外の部分は地山の削り出しと盛土によって形成され、とりわけ地山が低くなる前方部南隅角側は推定高さ三・〇メートルの盛土によって構築されている。前方部側の中堤を盛土によって構築することによって堤上面の高低差は最低限となり、また下方から見た場合、中堤が屹立する形状となる。

中堤上面の高さは現状で後端側が二三・五メートル、前方部側が二一・五メートルで、二メートルの下降を示す。このうち前方部側面から前面にかけては後世、おそらく江戸時代に池の容量を増やすため一・七メートル、最大二・四メートルの盛土が追加されている。本来の前方部前面中堤の高さは一九・九メートルであり、墳丘両側面の中堤上面の傾斜は現状よりも強いものであったことになる。

後端側　地山の削り出しによって形成されており、外濠側で高さ八六センチ、斜面の傾斜は三九度を測る。上面幅は二七メートルである。内濠側斜面の高さは現状では二・四メートルであるが、元は内濠底面まで五・八メートルの急斜面であったことになる。

なお、後円部後端側には、他の部分よりも一段低くなり水の取り入れ口のような形状を呈する箇所がある。これは北外側から和田茶臼山古墳の内

図15　中堤のトレンチ37

濠跡に入り墳丘をめぐるように形成された流路が下方側の両宮山古墳中堤を削って内濠に流れ込んでいたことがあり、その際に形成された地形が改変されて水田となった形状と考えている。この流路の埋没時期は江戸時代と推定される。後円部北側の内濠は埋没し、墳丘と中堤が地続きとなっているが、これはこの流路によってもたらされた土砂が堆積し、さらに浅くなった内濠を利用するために後円部北側の中堤を削って埋め立てがなされた結果とみられる。

側面側

現状ではくびれ部北西側で上面幅一七メートル、高さ一・二メートルであるが、上部は近世の盛土追加によって高くなり、外側は外濠の上方に形成された畑や水田によって削られ幅が狭くなっている。中堤の基部は現況よりも外側に位置し、また、内濠側は深い位置に所在する。中堤の本来の規模は南西くびれ部外側で基部幅三五メートル、上面幅二七メートル、外側の高さ一メートル、内濠底からの高さ三・八メートルである。

盛土は後円部の西側ではトレンチ二九よりも北側、東側ではトレンチ九と一〇の間ではじまり、前方部側に向かって厚さを増す。

前面側

現状で上面幅一八メートル、高さ三・九メートルを測るが、後世の追加盛土は側面よりも厚い。基部幅三二メートル、高さ二・八メートル、上面幅二〇メートルに復元でき、前方部前面の中堤の延長は推定二八四メートルである。側面と同様、下部は地山の削り出し、上部は盛土によって構築され、盛土の厚さは一・八メートル前後である。

南隅角付近の延長九〇メートルの範囲は中堤が細くなって内濠が南に張り出した形となる。中堤の上面幅が狭い一方、高さは五メートルと他の部分よりも高く、通常の池の堤と変わらない形状である。調査の結果、この付近は地山が最も低くなるため少なくとも三・〇メートルと最大の盛土の厚さと、幅があったと推定される。現在高くなっているのは改修工事の結果であるが、基底幅が半分以下にまで削られたとも考えにくく、先に述べたように中堤のこの部分が過去に失われ、後につくり直されたと考えている。

以上のように、中堤は地山の削り出しによって形成される後円部側で広く、盛土によって形成される前方部前面では狭くなる。後述のように外濠は後円部側では狭く、前方部側で広くなるから、中堤・外濠によって構成される外周域の幅は四五メートル前後に収まることになる。

(四) 中堤の構造

調査によって中堤の構築状況の一端が明らかになった。以下、判明した手順にしたがって記載していく。

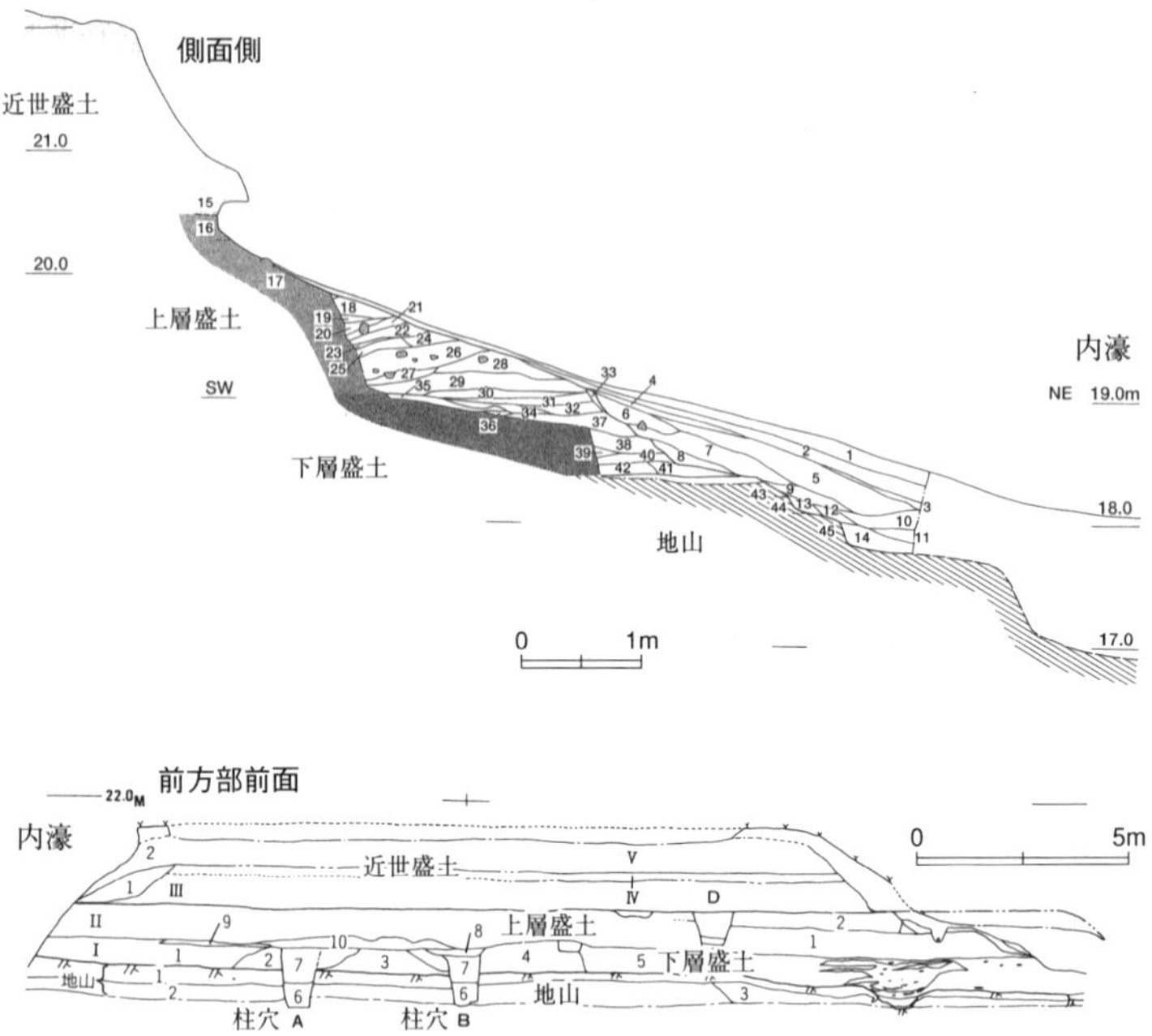

図16　中堤の断面

下層盛土

中堤の築造は二回に分けて行われる。まず厚さ一〇〜一五センチ前後の盛土をくり返して高さ一メートル前後の下層盛土が積まれる。盛土には暗褐色土が用いられるが、これは前方部前面付近の地山によく似ており、付近の内濠あるいは外濠を掘削した土が用いられたとみられる。色調は大きく変わらないものの盛土は粘質土と砂質土からなる。かならず上下に積まれているわけではないが、二つの土質が交互に現れる箇所もあり、異なる性状の土を交互に積むよう努めたものであろう。

北西側面のうち後円部外側付近（トレンチ三〇）では中堤外側の地山が内濠側よりも一・〇メートル高いため下層盛土は外側ではごく薄く、内濠側で厚くなる。側面部では内濠側の盛土は盛土単位が南側、つまり中堤の斜め外

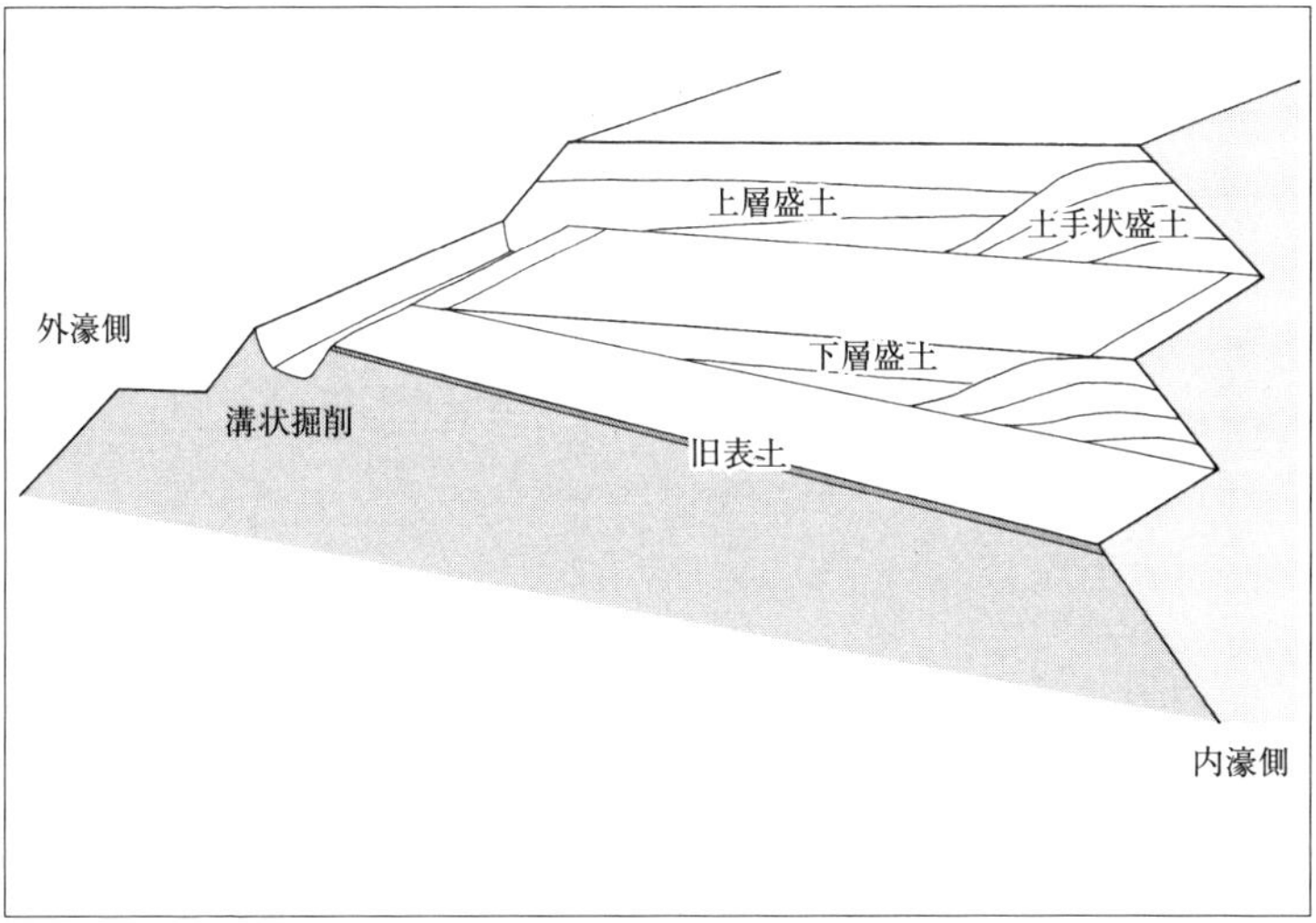

図17　中堤の構築

側に向かって傾斜する。この盛土単位の形状からみて、中堤の内濠側端部に後円部側から土手を伸ばすように盛土がなされていったと考えることができる。この土手状盛土の内側、中堤中央部の盛土の状態は不明であるが、土手状の盛土が先につくられ、その後に残った部分を埋め立てるようにして盛土がなされていったと考えてよいだろう。

一九八〇年に得られた前方部前面の断面では中心近くにこれと同様の高まりがまず築かれることが判明しており、こちら側では複数の土手を形成して後にその間を埋めたか、壇状の高まりを配置してその間を埋める手法のいずれかがとられたとみられる。

各トレンチで検出した各盛土の高さを勘案すれば、下層盛土は地山の凹凸を埋めるものの傾斜は残っており、次の上層盛土によって横断方向に水平な上面が形成されたと推定される。

中断期間

こうして中堤の半ばが完成し、つづいて上半部の盛土がなされるわけであるが、これまでの調査によってその間に休止期間があったことが判明した。

側面内濠側のトレンチの一つ、トレンチ三二では最初の盛土（下層盛土）の厚さが五二センチ、その上にまったく異なる色調の盛土（上層盛土）が一・四メートル載るが、この二つの盛土の間には厚さ六センチの砂層に挟まれた褐黒色の砂質土が存在する。この層は上面が暗く通常の盛土下の旧表土に似た特徴をもっており、また、砂層は盛土には用いられていないことから、下層盛土が盛られてすぐに上層盛土が盛られるのではなく、上層盛土が盛られるまでに若干の時間の経過がありやや低いところに砂が流れてたまり、草などが生えることになったと考えられる。

柱　穴

さらに、一九八〇年の樋管付け替え工事にともなう調査において、前方部前面側中堤中央部の盛土断面が調査されたが、このとき下層盛土上面から掘り込まれた柱穴二基の存在が確認された。柱穴は隅丸方形と推定され一辺が八〇〜九〇センチ、深さ一・三メートルと規模が大きく、中堤軸線に直交して中心距離で三・八メートルを測る。柱穴が全体でどのような配置をとるのか不明であるため、これが建物になるのか、あるいは築造時の基準杭のようなものであるのか判断しがたいが、柱穴の規模からみてかなり大きなものが前方部側中堤の中央付近に設けられたことは確実である。

溝状の掘削

後円部両外側に配したトレンチでは中堤外側の端部で溝状の掘削を確認した。後円部北東側のトレンチ九では中堤外肩部直下から内側にかけての旧地表面に幅三・二メートル、

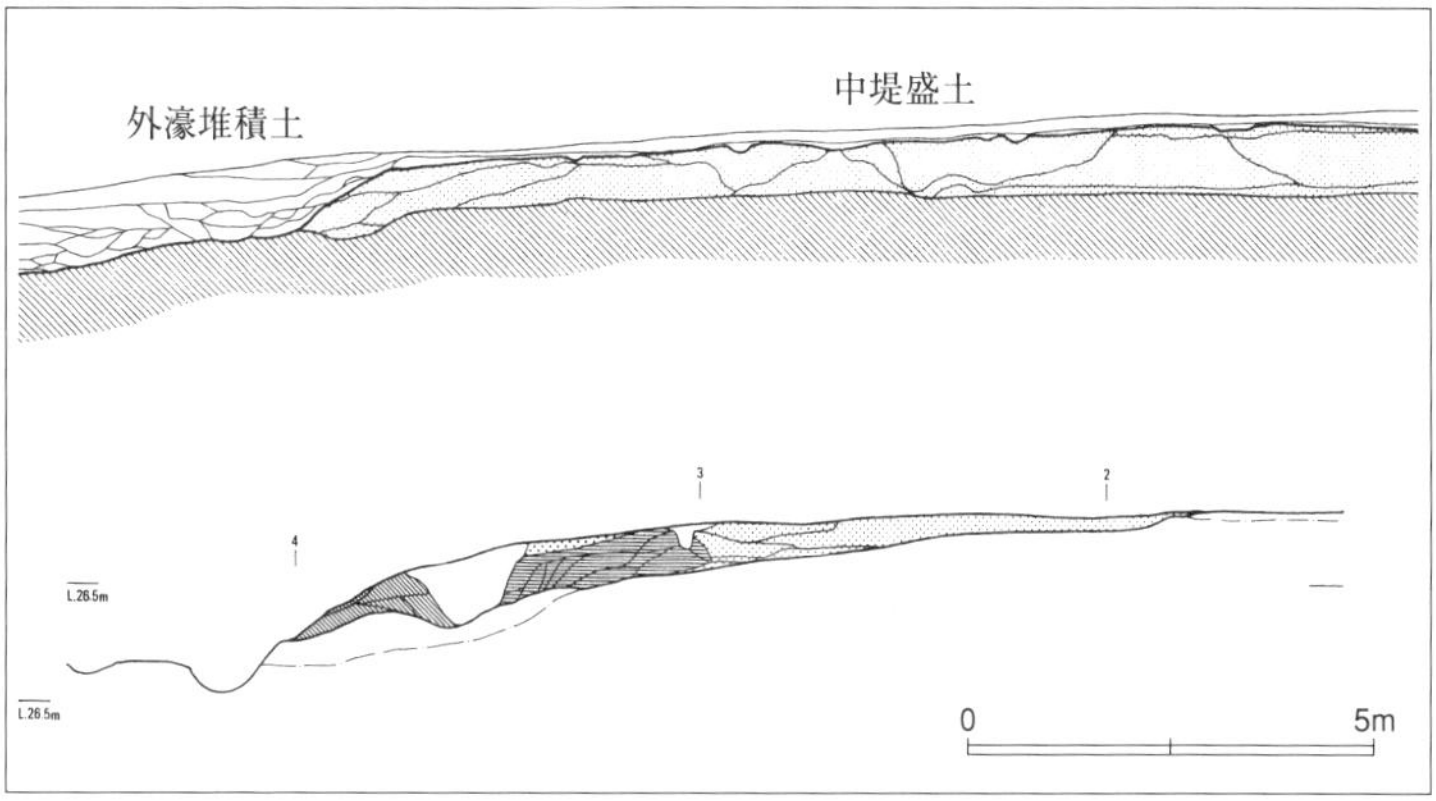

図18　市野山古墳中堤断面

深さ五〇センチの掘り込みを設け、その底面から盛土を行っていた。また、南西側面のトレンチ二八では中堤の端部が中世の河道によって削られていたため半ばが失われていたが、外側肩の下と推定される位置で地山が深さ五〇センチ、少なくとも幅七〇センチにわたって落ち込むことを確認した。外側が失われているため、そのままテラス状になっていた可能性も否定できないが、北東側面の状況と同じく溝状になる可能性が強い。

　中堤あるいは周堤の断面を調査した例が少ないため、この溝の類例は一例しかない。大阪府市野山古墳中堤の断面を見ると盛土外端に近い部分に幅一～二メートル、深さ三〇センチ前後の溝状のくぼみが認められる。ほぼ中堤肩の位置に対応し、両宮山古墳例とよく似る。五メートル間隔で取られた断面すべてに見られるわけではないので、溝は整ったものではなく断続的に掘られたのかもしれない。両宮山古墳例では溝状部分に流水による堆積土はなく直接盛土が入っており、市野山古墳例も同様であるらしく、盛土工程直前に掘られたとみてよい。こうした盛土との関係や位置から、この溝は盛土の範囲を示す割り付け線として掘られた可能性を想定できるが、盛土工程時の水の流入防止、盛土端に厚みをもたせて強固なものにするといった別の機能をもつ可能性も考えられる。

　なお、これを埋める土は上層盛土であるので、この段階の施工としたが、下層盛土に先行する工程の可能性も少なくないと考えている。中堤内濠側の下層盛土下にこれと対になる溝があったかどうかは、盛土を大きく切断した箇所が少ないので何ともいいがたい。内濠の波浪によって中堤本来の盛土端が流出しているため該当部が遺存していない可能性も強い。

上層盛土

　さて、ある程度の期間をおいたのち盛土作業が再開される。上層の厚さは前方部前面側で八〇センチ、南西側面で一・六メートルと前方部側面で厚くなるが、これは南隅角付近で地山が最も低くなるためである。注目されるのは上層盛土に用いられる土である。南西側面のうち南隅角に近い部分は褐色土で下層盛土に近いが、それ以外の部分では五センチ大の角礫を含む黄色土で、この土は後円部後方付近の地山に近似する。両宮山古墳は扇状地上に築かれているため、地山はすべて堆積土であるが、後円部後方は古く形成された黄色土であるのに対し前方部側は比較的新しい堆積で暗褐色土であり、上層盛土には後円部後方の内濠あるいは外濠の掘削土が用いられたと考えられる。周濠の掘削にあわせて中堤の築造が進められたとみられるが、同時に地山下部の良質な土が中堤の主要部に用いられたことになる。

南西側面においては下層で見られたと同様に南側に向かって盛土単位が大きく傾斜している状況が認められ、下層と同様に土手状の盛土が後円部側から形成されていったとみられる。

構築の特徴　調査によって明らかになった中堤構築の特色は以下の四点である。

一、上下二層の盛土と休止期間の存在
二、施設（柱穴）の構築
三、盛土端部の溝状の掘り込み
四、土手状の盛土工法

このうち、三の評価については先に述べた。また二は類例のない重要な遺構であるが部分的な検出のため、突っ込んだ評価はむずかしい。

残りの一・四は構築にかかわるものである。古墳構築の際に高い盛土を行う場合、下から順次水平に積み上げていくのではなく、土手状あるいは土壇状の高まりをまず形成してのち残った部分を埋める。それによって一定の高さの盛土を完成し、同じ手順で順次墳丘を高くしていくという手法がとられることが大阪府百舌鳥大塚山古墳の調査によって明らかになっている。中堤の構築状況が判明した例は少ないが、大阪府市野山古墳中堤は高さ約一メートルの盛土によって形成されており、それは上下二層に大別できること、また、盛土工程の当初に外縁部に土手状の盛土を配し、その後に内側の盛土を行ったことが残存状態のよい部分の調査によって判明している。さらに、大阪府イタスケ古墳周堤の調査では、盛土は少なくとも二回に分けて積まれており、その間に薄い有機質の堆積層が形成され築造に休止期間があった可能性が指摘されている。

したがって、両宮山古墳中堤の調査で明らかになった盛土工程は畿内の巨大古墳の盛土工程とまったく同様であるとみてよい。両宮山古墳の場

図19　外濠（トレンチ19）

合も休止の痕跡は各断面に見られるわけではなく、一カ所であることからすれば、つづく盛土工程の際に削り取られる、あるいは、局部的に表土が形成される程度であって、認識しにくいものであると考えられる。そのことを考慮すれば、両宮山古墳とイタスケ古墳における休止痕跡の確認は、特殊例というよりも休止期間をはさみながら盛土を行うのが基本的であったことを示すと考える。

以上のように、中堤は実に多くの情報をもつ。葺石がなかったため観察する機会が少ない盛土の状況を知ることができ、その内容は畿内の諸資料でかならずしも明確でなかったことがらを鮮明に表示するといえる。

(五) 外　濠

両宮山古墳を特徴づけるものに二重の周濠があ

図20　外濠（トレンチ28）

る。Ⅶ章において述べるように二重周濠をもつ巨大古墳は畿内を中心にある程度の数があるが、その全容が把握できた例はそれほど多くはなく、本墳は調査によって外濠の全体像がほぼ把握できた数少ない例である。外濠の形状が畦畔線に現れるのは後円部後方であり、前方部側面～前面ではその形状はほとんど地表には現れていない。

断面形や規模がそれぞれの箇所でかなり異なるのが本墳の外濠の特徴であるが、以下の基本的な規則をもつ。

一、中堤基部の外側に上段底面が設けられる。

二、上段底面は外濠内側に向かって緩やかな傾斜をなし、その端部から急角度で下降して下段底面にいたる。

これは、中堤の外側の基部は外濠の最も深い部分になるのではなくて浅いところにあり、外濠は底面をさらに掘り込んだ形になるとみたほうが形

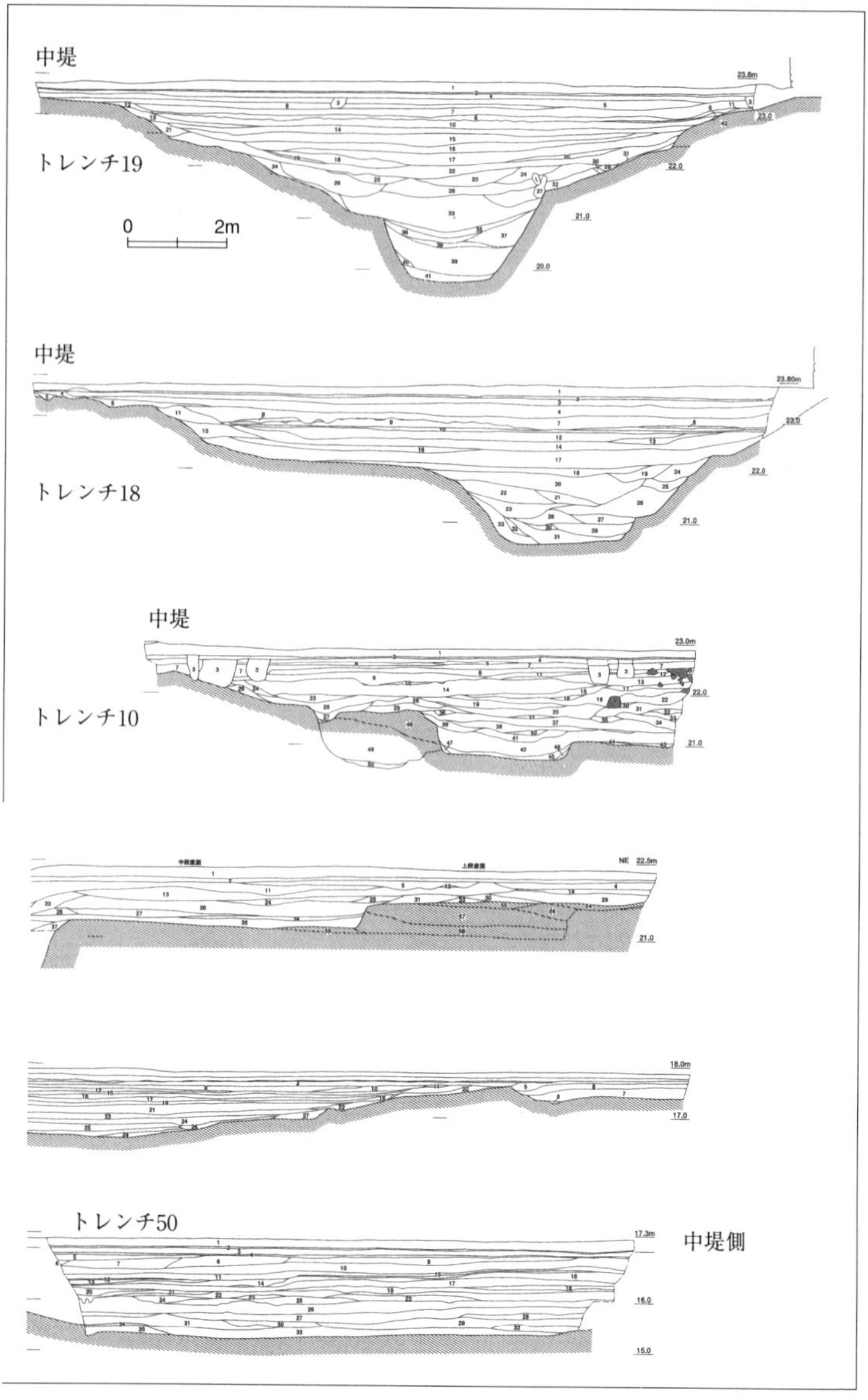
中堤
トレンチ19
0
2m
23.8m
23.0
22.0
21.0
20.0
中堤
トレンチ18
23.80m
23.0
22.0
21.0
中堤
トレンチ10
23.0m
22.0
21.0
NE 22.5m
21.0
18.0m
17.0
トレンチ50
17.3m
中堤側
16.0
15.0

図21　外濠断面（1）

状を理解しやすいということである。もちろん、中堤斜面の途中にテラスをもちながら外濠の最深部に達すると理解することも可能ではある。

一方、異なるのは下段底面よりも外側の底面の配置で、これが外濠の断面形状を多様なものとしている。

以下、簡単に各トレンチで判明した断面を見てみる。なお、濠幅は中堤肩から外濠外肩までとする。

後円部西側（トレンチ一九）　上面幅一三・七メートル、深さ三・七メートル。中堤の高さ六五センチ。上段底面よりも二・五メートル下に下段底面がある。下段底面にいたる斜面は緩急の傾斜変化をくり返しながら下降し、中ほどから急勾配をなす。外側斜面は中ほどの位置に傾斜変換部がある。上端近くには狭いテラスが設けられており、これが上段底面にあたるとみられる。

後円部後端（トレンチ一八）　上面幅一三・七メートル、深さ二・九メートル。中堤の高さは八六センチで、中堤基部から内側にのびる上段底面は幅四・四メートルと広い。上段底面から一・五メートル下降して幅二・一メートルの下段底面に達し、外側斜面中ほどには幅四〇センチの狭い中段底面、さらにその上方に狭い上段底面

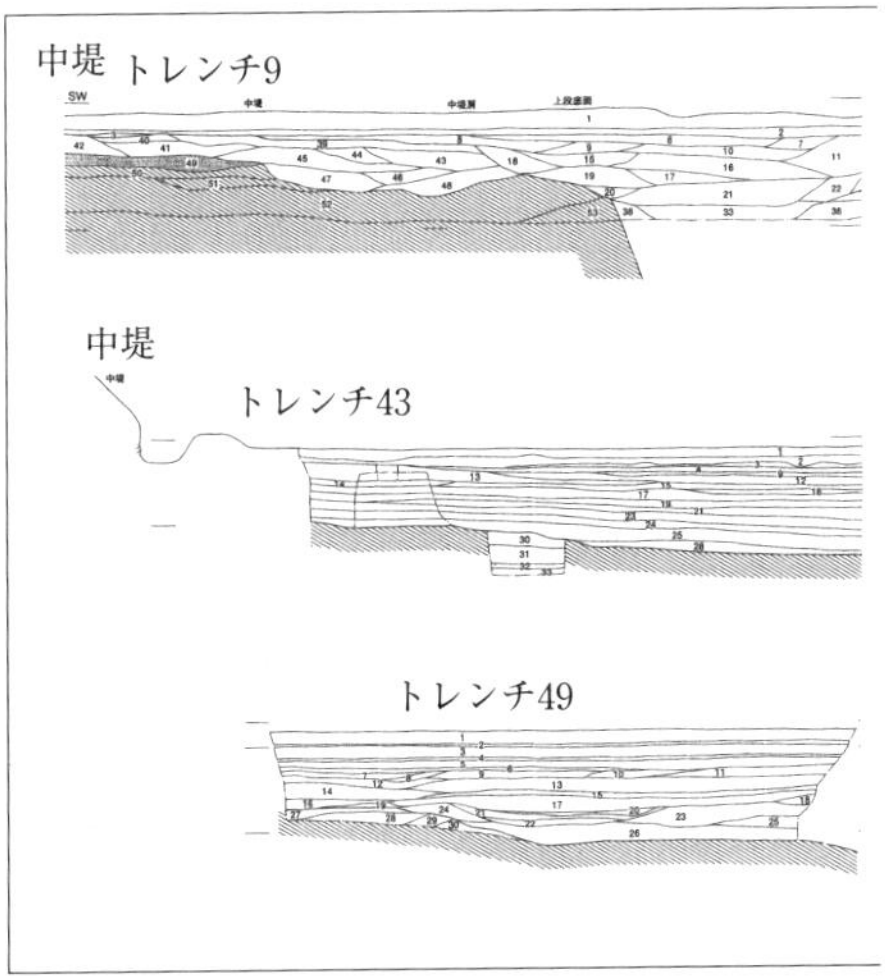

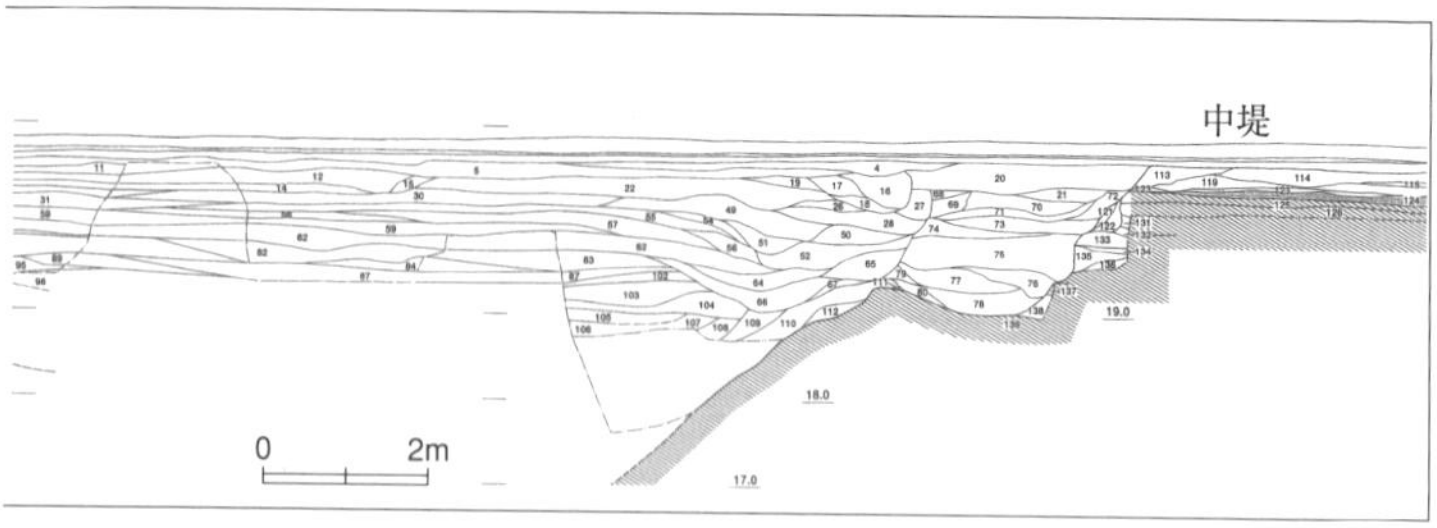

図22　外濠断面（2）

が設けられる。なお、濠幅はおおよそ一三・七メートルとしたが外肩はさらに上方になる可能性があり、その場合、幅はより広いものとなる。このトレンチの東側は丘陵の軸線となるが、上方の田面の高さからみて外側の肩は濠底から約四メートルと高い位置になり、そこまでの間は急斜面をなしていたと思われる。

後円部北側（トレンチ一〇）　上面幅は推定一六メートル、深さ一・七メートル。上段底面の端から垂直に近い角度で下降して幅二・五メートルの下段底面にいたる。下段底面の外側には三六センチ高い位置に中段底面が設けられる。底部には滞水を示す褐色の粘土が堆積している。

後円部北東側（トレンチ九）　上面幅推定一九メートル、深さ推定二・二メートル。内側上段底面の端から急角度で落ち込み下段底面にいたる。下段底面の外側には幅五・八メートルの広い中段底面が設けられ、そこから五〇センチの段をもって再度平坦面が形成される。この段の上がりが濠の端になる可能性も否定はできないが、平坦面が外側上段底面になり、トレンチ外側に濠端があると考える。

前方部前面（トレンチ四三）　上面幅二二メートル、深さ二・九メートル。ただしここでは中堤肩が外濠の外肩よりも一・八メートルも高いため、外側肩を基準とすれば深さは一・一メートルである。濠は浅く、外側斜面の傾斜は緩やかである。幅六・七メートルの下段底面の両側に幅二～三メートルの底面が設けられるが、下段

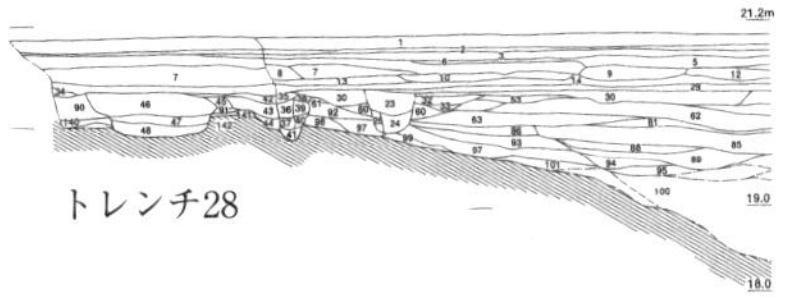

底面との段差は一六センチ前後と低い。中堤側の底面は上段底面である。一方、外側の底面は上段底面の高さに等しいが、中段底面に相当すると考えている。

前方部南西（トレンチ四九・五〇）　上面幅推定二三メートル、深さ四・七メートルであるが、前方部前面と同様、中堤が高く、外側肩からの深さは一・〇メートルである。幅の広い下段底面の外側に中段（あるいは上段）底面が設けられ、そこから緩やかに上昇して端部にいたる。後円部北側のトレンチ一〇と同様、底部には有機物を含む暗褐色粘土が堆積し、滞水していたことを示す。

後円部南西（トレンチ二八）　中堤基部付近が中世の河道によって削られているが、上面幅一八・五メートル、深さ三・三メートルに復元できる。失われているが中堤基部の外側に上段底面があり、そこから外側に向かって斜面がつづいて下段底面にいたるとみられる。その外側上方に中段底面が設けられ、中段底面の外側には肩部が中世の遺構で削られているためやや不明確となっているが、幅三・六メートルの上段底面が設けられる。

断面の特徴　以上のように、外濠は総じて後円部側が深く前方部前面で浅くなる。断面形は先に示した共通点をもち、隣接したトレンチ同士では比較的似るが、離れた部分では外側斜面部の形状はかなりの相違を見せることになる。

最も単純な形状を示すのは後円部西側で、斜面下部で傾斜が大きく変化するものの、明確な中段は設けられず外側上段底面はごく狭い。一方、後円部後端では幅四〇センチの狭い中段底面が外側に設けられる。この後円部西側～後端は低丘陵の軸線を削平・切断する部分であり、他と同じ濠幅をとるには大規模な掘削が必要となるため濠幅を縮小したと推定できる。広くなる他の部分では段をもつことからすれば、ここでは幅の関係で段が省略されたり縮小されたとみることができる。また、浅くなる前方部前面では下段底面とは別に底面を設けることにあまり意味がないと思われるにもかかわらず低い段が設けられている。

　したがって、本墳の外濠は外側斜面に段を設けるのが基本であり、地形に応じて幅と深さを変化させた外濠にしたがって段の設計を変更したため、多様とも見える断面形になったとみられる。濠の両端まで掘り抜くことができたトレンチが少ないため推定箇所も多いが、底面配置の基本形は下段―中段―上段の三段であった可能性を考えておく。浅くなる前方部側外側の底面は中段底面で、上段底面は設けられないと推定するが、中段底面は途中でなくなり上段底面が全周する可能性もある。

　なお、トレンチ一〇、二八に見られるように斜面の傾斜は外側よりも中堤側が急になる。

外濠の復元

　外濠の位置を確認したトレンチはこれ以外に数カ所あり、図26はそれらをもとに復元している。丘陵軸線にあたる後円部西側～後端で濠は最も狭くなるが、そうした部分であっても十分な深さを確保していることは注目に値する。

　県道南側（トレンチ四七）で確認した濠外肩の位置からみて、南隅角付近においても濠幅はやや狭くなるようである。これは南隅角付近で地形が最も低くなっているため、同一の幅をとるために

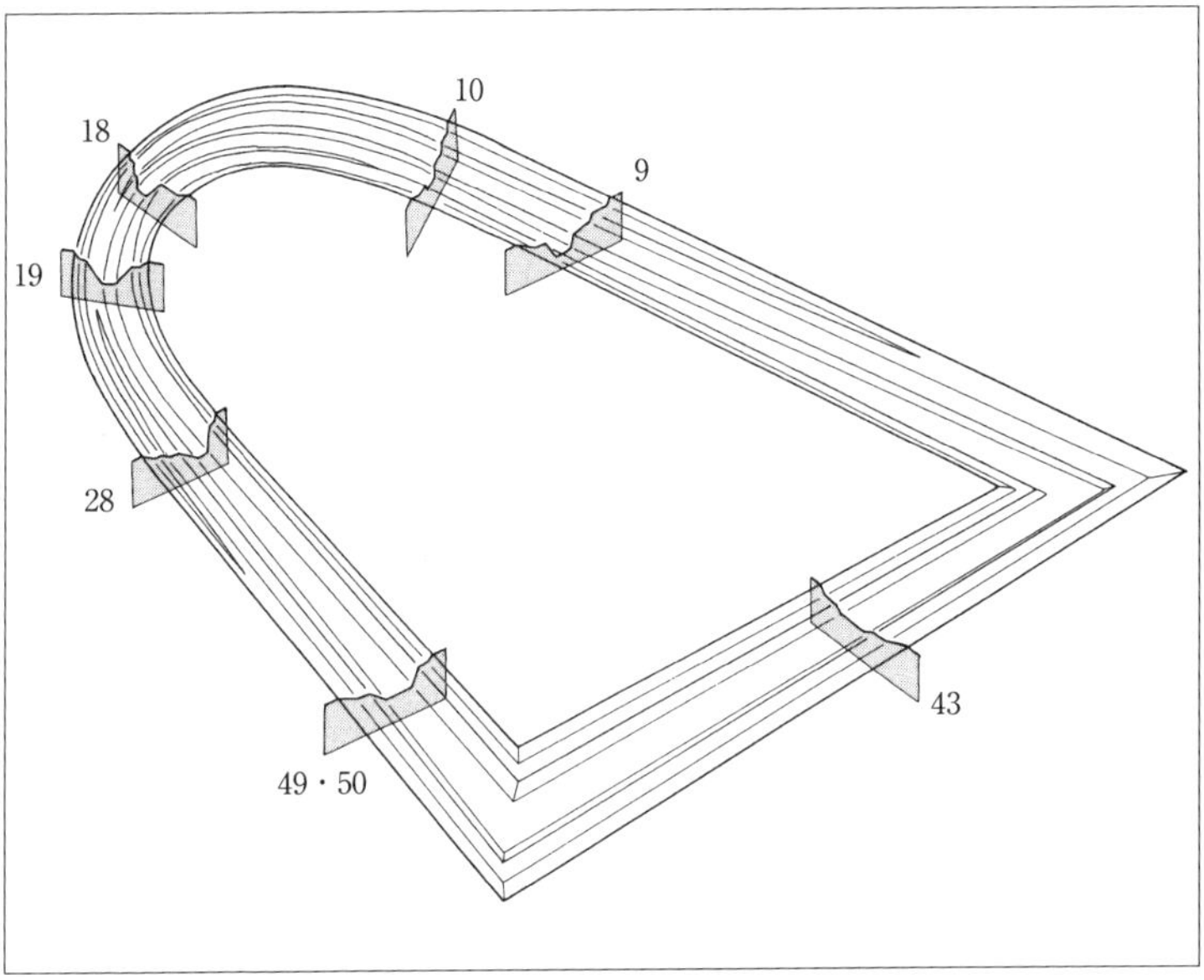

図23　外濠の復元

は濠底を深くする必要があるが、そうすると濠底の傾斜がさらに大きくなってしまうためそれを避けて幅を狭めたものであろう。これに応じて入角北西部もやや縮小すると考えたが、こちらはそのままのびる可能性もある。

南入り角付近を除いて前方部前面側では二一メートルという幅になる。これは中堤が高くなり斜面幅が広くなるためであって、濠そのものの幅は地山面で幅一九メートル前後に設計されている可能性が考えられるが、この推定が妥当かどうかは今後の調査によらざるをえない。

外濠の設計　さて、外濠の設計に関しては興味深いことが判明した。後円部側の外濠の復元にあたって中堤肩・基部の位置を図上に記したところ、それらは円周上にそろっており中堤の外濠側の基部は半径一一四メートルの円を描くことがわかった。この部分は同一の中心点から割り付けられたとみられるわけで、長い綱でも用いて地表に半円を描いて掘削をはじめたのであろうか。この中心点は後円部中央にあるが、後円部墳丘の中心点とは若干ずれて西五メートルに位置している。それに対して中堤内側、つまり内濠肩の割り付けは後円部中心点を用いている。この二つの中心点の位置の差によって、中堤の上面幅は後円部西側で二八メートルと最も広くなる。これはこの部分の外濠幅を縮小する分、中堤幅を広くして中堤＋外濠の幅が全体で変わらないようにするための措置であったとみてよい（図14）。

一方、濠の外端は正円にはならない。このカーブは中心点と半径を細かく変えた弧をつないでいくことによって描くことも可能ではあるが、実際問題としては中堤外肩からの距離を段階的に変えて設定した可能性が強い。

いま外濠の平面規模をまとめれば、主軸線上での長さ三四九メートル、前面幅三一八メートル、後円部中央で幅二六七メートルである。

渡り堤

外濠に水があったのかどうかという問いに答えることはむずかしい。

地形が大きく傾斜している関係で、濠底の高さは後円部後端と前方部南入り角で五・三メートルの高低差をもち、水は南隅に向かって流下してしまうことになる。調査によって滞水していたことが確認できたのは後円部東側と前方部南西側である。このうち後者は低い部分であって滞水は当然とも見られるが、高い位置にある後円部東側では流下をさえぎるものがなかったとは考えにくく、外濠を横切って中堤にいたる渡り堤がこの部分の下流側に所在していたと推定できる。奈良県佐紀古墳群のヒシアゲ古墳では後円部東側面に渡り堤が設けられていることが確認されているが、本墳の場合も同様の位置にそれが設けられていたとみてよいだろう。

さて、調査終了後の二〇〇五年に実施した、前方部前面の県道を横断する排水管改修工事の立会調査において重要な資料を得ることができた。工事実施箇所のうち前方部前面西寄りの部分では、中堤の前面が外濠側に向かってやや突出した形状を示しており気になる箇所であったが、この箇所では外濠底よりも三〇センチ高い位置で地山が現れ（それよりも上部は削られている）、それは東側に向かって緩やかに下降することが明らかになった。したがって、この付近で外濠が途切れることは確実で、渡り堤が前方部側外濠にも設けられていることが明らかになった。

後円部西～南西側では外濠がいちじるしい深さに掘削されている。必要以上ともいえる深さは、あるいは、濠を多数の渡り堤で仕切り、階段状に水面を形成するためであったとも考えられ、今後探査などによって解明される可能性もある。

水があったかどうかという問題にもどれば、一部には水があり、からぼりの状態をなす箇所もあるということになる。

(六) 外　堤

二重周濠をもつ古墳の場合、外濠の外側にはそれをとりまく外堤が復元されることが多い。復元しなくとも誉田御廟山古墳には大規模な外堤が遺存しており、その存在に関しては議論の余地はない。規模が巨大な誉田御廟山古墳や津堂城山古墳などを別にすれば、外堤はそれほど大きなものではなく、削平を受けて消滅していることが多いとみられており、発掘調査によってその痕跡が検出されない場合でも復元あるいは存在が推定されることが多い。

しかしながら外濠をもつ古墳すべてに外堤が

あったのかどうか、たとえば大王墳級の巨大古墳にかぎって構築されたといった可能性を検討してみてもよいと考えている。

本墳の場合、結論から言えば外堤は設けられていなかったと判断した。濠の外側まで断面を見ることができたトレンチはそれほど多くはないが、後円部西側と前方部前面の外濠外側の調査では外堤が所在していた痕跡が認められなかった、また、後円部南西部、前方部南西部、とりわけ後者では地山が低くなるため外堤が設けることが有効であり、また、その盛土が遺存する可能性が高いと考えられたがその存在は認められなかった。これらの調査結果から、かならずしも外堤が存在したと考える必要はないと判断した。

（七）築造後の改変

外濠は築造後順次埋没が進み、現在では地表からその存在をうかがうことがむずかしいまでになっている。両宮山古墳の築造後の変遷を外濠を中心にまとめておく。

築造後〜古代　外濠のうちいくつかの部分では水がたまっており、未分解の有機物片を含む粘土層が形成される。それ以外の部分でも埋没が進むが、堆積土は黒灰色の粘質土などで、多くの箇所ではゆっくりと埋没が進んでいったようである。備前国分寺跡に近接した箇所を別にすれば奈良・平安時代の遺物が埋没時期を示すように出土することは少なく、付近には生活の場は形成されなかったようである。

中世　鎌倉・室町時代になって状況は変わる。後円部北（トレンチ一〇）の外濠外側にはこの時期の小集落が形成される。小規模な仏堂もあったようで、中世の土師質椀、備前焼すり鉢、瓦など多量の遺物が濠に流れ込んでい

図24　内濠・外濠出土遺物

た。南西側、国分寺に面した部分（トレンチ二八）では堆積土上部に柱穴が設けられており、外濠の埋積が進んだ室町時代にはこの箇所にも集落が形成されたとみられる。また、この部分では幅三メートルの中世の流路が所在しており、埋まりつつある外濠の窪地に谷川が形成されたようである。

中世の堆積土はそれ以前と異なり礫混じり粘質土、場合によって砂礫層となる。中世になり集落が付近に形成されて環境が変わるが、同時に北側の山麓斜面も畑や集落域としての利用で植生が変わり、土砂が流出するようになったのだろう。

近世　部分によってはほぼ埋没を終えた箇所もあるものの、近世初頭まで外濠は窪地として残る。後円部後端付近では弧状をなす浅い沼状の窪地になっていた。この窪地を埋める土は桃山時代の備前焼すり鉢破片を含み、埋め立て土と推定されるものであった。また、先にふれた

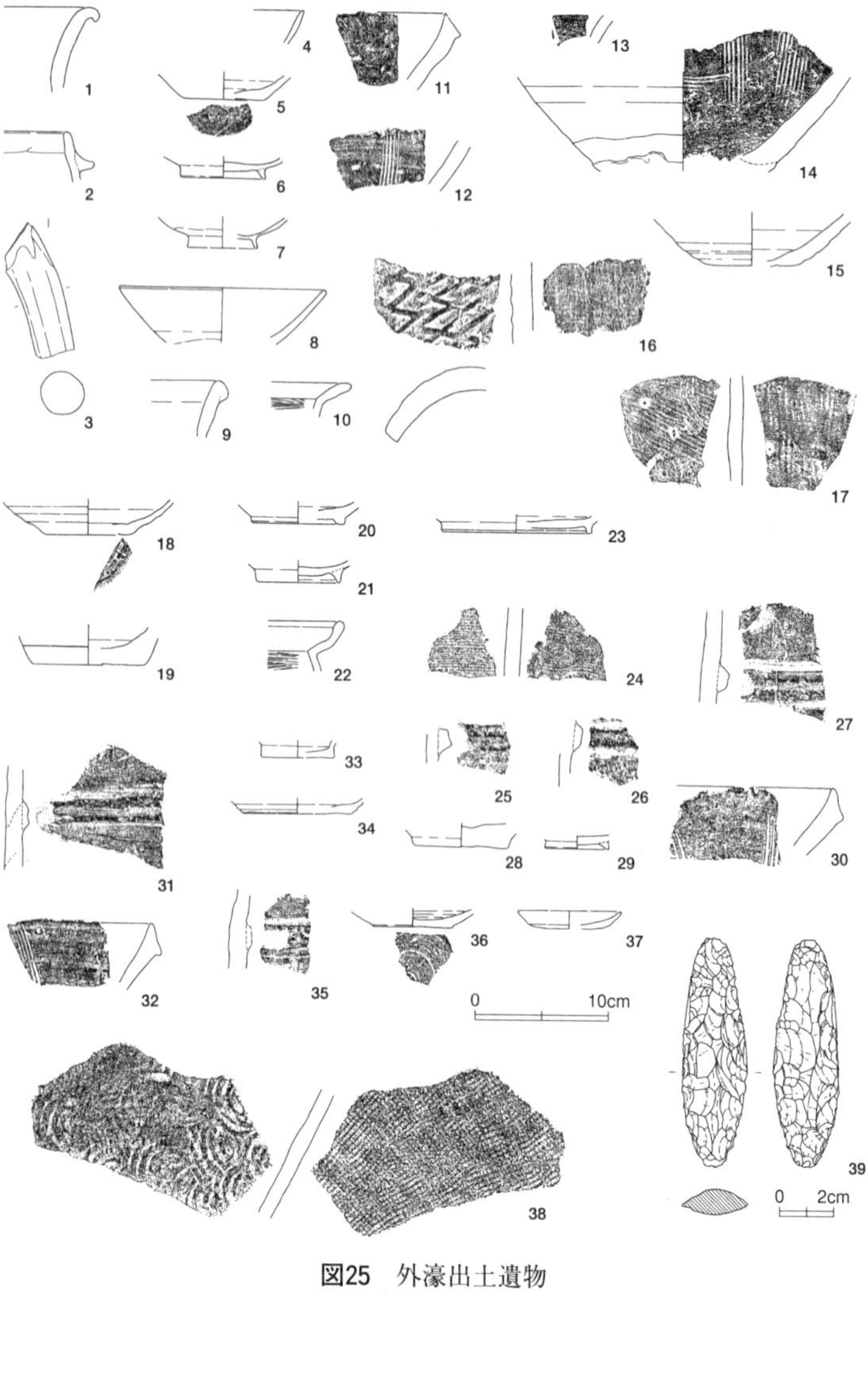
1
2
3
4
5
6
7
8
9
10
11
12
13
14
15
16
17
18
19
20
21
22
23
24
25
26
27
28
29
30
31
32
33
34
35
36
37
38
39
0
10cm
0
2cm

図25　外濠出土遺物

中世の河道も桃山時代の備前焼までを含むが、それよりも新しい遺物は出土しておらず、桃山時代からさほど時を経ずに埋没を終えたと推定できる。

桃山時代の後、近世はじめにこの付近の環境が大きく変化するようである。窪地の埋め立ては水田造成のためと推定され、河道の消失も水利系統の変化、つまり、付近の谷川の水を内濠の両宮池に引き込んで水をたくわえ、下流の水田をうるおすという現在の形になったためではないかと思われる。十七世紀には備前藩によって農地の拡大のため用水路の設置や干拓が盛んに進められるが、それと軌を一にして古墳周辺でも未利用地の開田が進められ、その結果外濠も地表から姿を消すことになったとみてよいだろう。

池の水量を増加させるために中堤に盛土が追加されることはくり返し述べたところである。実施の時期は遺物から推定することがかなりむずかしいが、こうした状況から近世前半である可能性が最も強いと考えている。

4　和田茶臼山古墳の調査

和田茶臼山古墳は現状では径三〇メートル、高さ五メートルの円墳ないし方墳とみられるが、調査の結果、墳丘全長五五メートルの帆立貝形古墳であることが判明した。後円部径四一・五メートル、高さ五・六メートル、前方部長さ一五メートル、前方部幅一九・五メートルを測る。後円部径はややとらえにくく、この数値よりも若干小さくなる可能性もある。前方部上面は削られているため本来の高さは不明で、検出高さは一・三メートルである。後円部がかなり削り込まれているため段築の状態を知ることはむずかしいが帆立貝形古墳の通例から二段築成であったと考える。

図26　両宮山古墳墳丘の復元

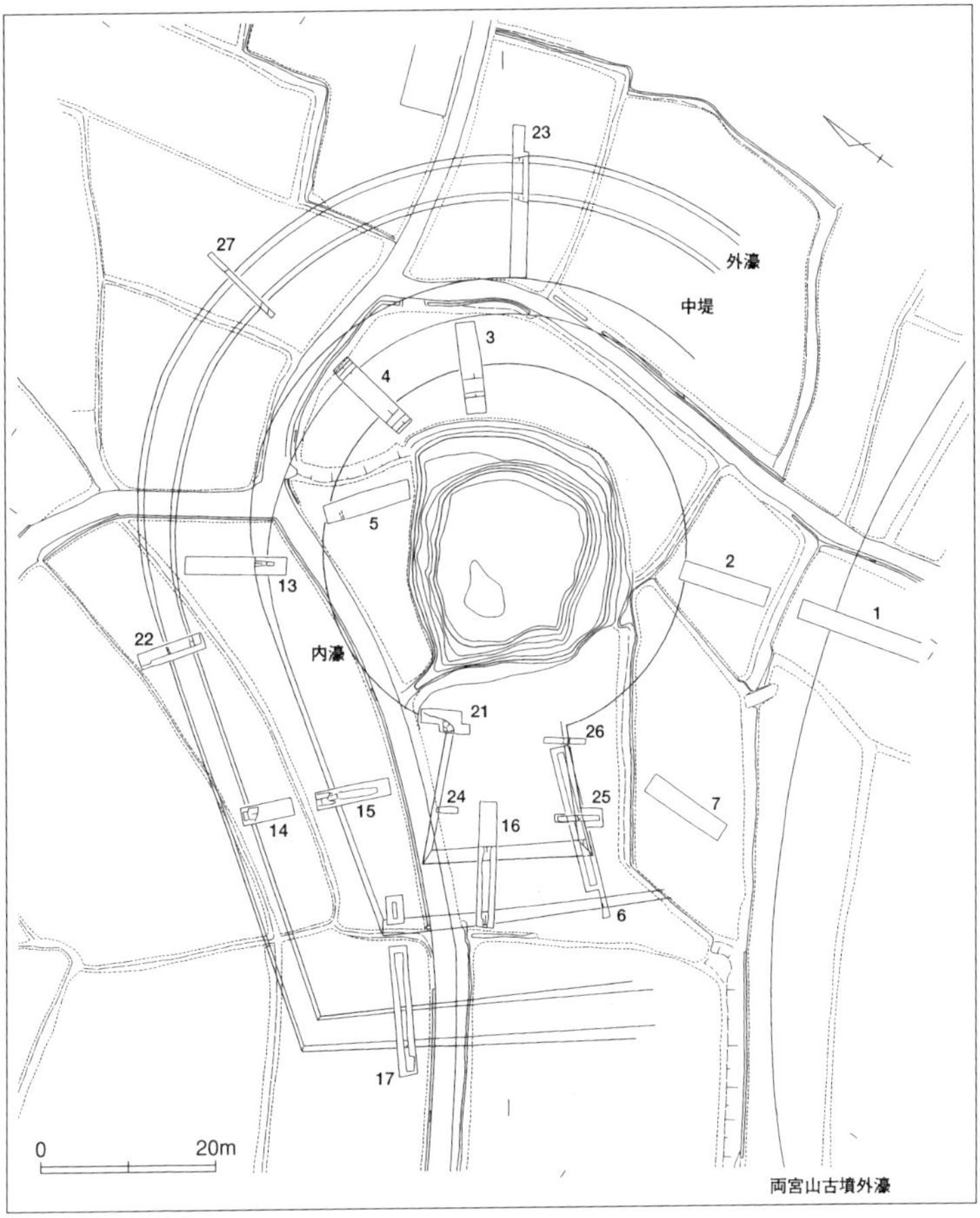

図27　和田茶臼山古墳

図28　調査中の和田茶臼山古墳

墳丘の下部は地山の削り出しによって構築される。地山が下降する前方部南側のトレンチでは盛土とみられる土層を確認しており、前方部の一部と後円部の大部分が盛土によって構築されたと推定される。

墳丘の周囲には底面幅六メートル前後の内濠がめぐり、さらにその外側に中堤と外濠が設けられる。中堤は上面幅八〜九メートル、基底幅一〇メートル、高さは内濠側から九〇センチを測る。検出範囲ではすべて地山の削り出しであった。外濠の幅は三〜五メートル、深さ四〇センチ前後で、逆台形の断面をなす。外濠の総長は九九メートルである。

濠の底面は両宮山古墳に向かって大きく傾斜するとみられるが、後円部北側の内濠では粘土層が形成されており、後円部北側に渡り堤が設けられていた可能性がある。内濠のそれ以外の部分と外濠は堆積土の状況から水はなかったとみられる。

墳丘には葺石・埴輪をともなっていない。内濠の堆積土中からは土師器高杯小片（図29—1）が出土したにすぎない。過去に墳丘斜面で須恵器小片が採集されており、調査中にも耕作土中から須恵器高杯脚部片（図29—2）を採集した。多くは五世紀後半～末という以上には年代の推定が困難な資料であるが、須恵器高杯はTK二三ないし四七型式に位置づけられ、本墳の年代の一端を示す可能性もある。

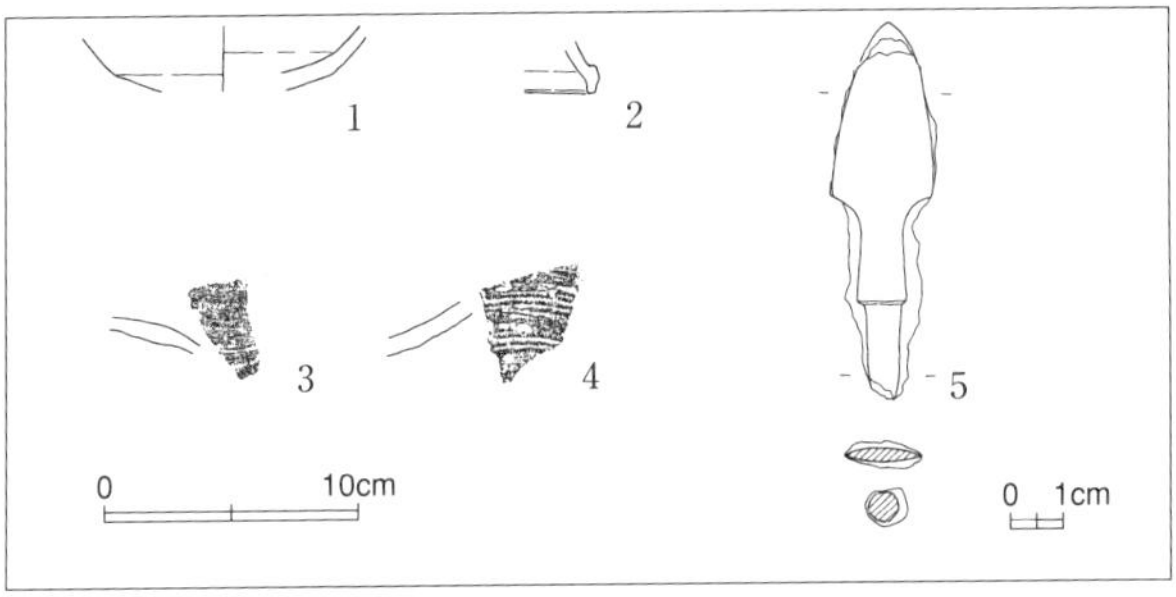

図29　和田茶臼山古墳出土遺物

なお、外濠の検出の際、後円部東側のトレンチの水田造成土中から鉄鏃一点が出土した（図29—5）。古墳時代の鉄鏃であるが、古墳時代中期前半から中葉にかけて盛行する型式で本墳の推定年代よりも古い。一つの可能性は和田茶臼山古墳の副葬品のなかに古い型式の鉄鏃が含まれ、それが過去に散乱して埋没していたというものであり、もう一つは和田茶臼山古墳に先行して築かれた別の古墳が付近にあってそれが削平されて遺物がこの位置にもたらされたという推定であるが、いずれが妥当であるか判断がむずかしい。

この古墳の調査成果において最も注目されるのは両宮山古墳との関係である。図27に示したように両宮山古墳の外濠推定線が和田茶臼山古墳の南側を通り、大きく下がる水田の段はこれを反映したものである。古墳の外形を主軸線で折り返した場合、中堤外縁が両宮山古墳外濠線に合致し和田茶臼山古墳の外濠は両宮山古墳の外濠に重なってくる。したがって、和田茶臼山古墳外濠は両宮山古墳外濠に接続していたと考えられる。

なお、和田茶臼山古墳の外濠が後円部側で描く弧と前方部側面の直線は後円部横断線付近で接続しなければならないのであるが、両者は若干の食い違いをもつため弧のカーブを少し変えて接続させた。これは後円部側外濠の弧が少し大きすぎることに起因するのであるが、その理由はよくわからない。墓域を可能なかぎり広く取ろうとしたのか、あるいは設計がやや簡略であるのかのいずれかであろう。

5　古墳の年代

以上に示したように両宮山古墳、和田茶臼山古墳の遺物、すなわち年代決定の手がかりとなるものがきわめて少ない。調査では盛土から流出したとみられる土師器甕・高杯の破片が出土したが、古墳時代中期後半という以上に年代をつめることができる資料ではない。後述のように墳形からある程度の年代を求めることもできるが、それは上限が中期中葉で、中期後葉よりは古いといったところである。これ以外には前方部前面に所在する森山古墳の埴輪しかないことになる。Ⅷ章で述べるように、森山古墳は築造位置から、両宮山古墳につづいて築かれたと考えている。埴輪は中期後葉（TK二三型式）の須恵器がともなう朱千駄古墳の埴輪よりも古い特徴をもち、中期後半（TK二〇八型式）の須恵器をともなう宿寺山《しゆくてらやま》古墳の埴輪よりも新しいことから、中期後半（七期）のなかでも新しい段階とすることができる。両宮山古墳の築造は森山古墳よりも先行するが大きくは隔たらないと推定しており、中期後半のなかに位置づけられると考える。

V　両宮山古墳とその周辺

1　整　備

両宮山古墳の整備はこれからである。赤磐市教育委員会では備前国分寺跡の整備を予定しており、これが終了してから本墳の整備という手順になるので、将来は隣接して所在する巨大古墳と古代寺院をあわせて活用できることになるが、当面は、整備前の姿を見ていただくことになる。ただし、内濠の岸は波浪による浸食を受けて損壊が進み保存が急務となっているので、この部分についてはなるべく早急に保存工事を実施する計画である。

整備にあたっては、築造の後、長い年月を経て形成された景観をどのように残し、またそれと調和させるかが大きな課題である。

2　両宮山古墳を歩く

両宮山古墳を探訪してみよう。

バスを利用する場合は岡山駅前バス乗り場から宇野バスでネオポリス（東六丁目・西九丁目）・

図30　両宮山古墳地図

林野駅・山陽団地・町苅田・仁堀行きのいずれかに乗車。所用時間約四〇分（片道三四〇円　二〇〇六年現在）、一時間に四ないし五便である。牟佐、馬屋を経て岩田で下車。その一つ前の馬屋で下車して古代山陽道高月駅家跡、備前国分尼寺跡、備前国分寺跡などを見てから両宮山古墳へいたるという経路でもよい。岩田バス停（A）からだとバスの進行方向と逆に三〇メートルもどり、最初の角を右に入り用水路にそって歩くと、小さな竹藪の横に石組みの余水吐（荒手）にそって上がる小道（B）が見える。これを上がれば内濠に囲まれた巨大な墳丘を目にすることになる。位置している幅広い土手が中堤、そして先ほどまで歩いていた道は外濠の上である。そのまま進んで前方部の正面付近まで行ってみてもいいだろう。

　一方、車の場合だが、山陽自動車道を山陽インターで降りる。インターの出口を左折し北へ一・三キロ進む。片側二車線のうち外側を進み二つ目の下市交差点を左折して約二キロ西に進むと自動車道の高架が近くなってくる。国分寺保育園の看板をすぎて道の右側に「稚媛の里観光案内所」の看板が見える。ここの駐車場（C）に車を置く。団体等、駐車台数が多い場合は事前に連絡が必要である。駐車場は五時に施錠となるので、時間が遅くなりそうな場合は先の国分寺保育園の向かいにある観光案内所第二駐車場（D）、あるいは備前国分寺跡の広い空き地（E）に駐車する。

　車を置いて観光案内所の西側の道を進み、住宅の裏にある細道（F）を上がると中堤上面である。前に示した経路は前方部の東角側に出たが、このルートは南角側に出たわけである。墳丘を眺めながら中堤を東に進む。奈良県佐紀古墳群のコナベ、ウワナベ古墳を思わせると多くの研究者が口にする前方部の景観である。

前方部の前面を東に進み、余水吐沿いの小道（B）を下りて北西に向かう。この道の右は外濠、左側は中堤である。一一〇メートルばかり進むと「史跡両宮山古墳」と刻む石柱がある。この石柱の後方に、民家の裏側を用水路にそって西に入るかなり細い道（G）がある。ここを進むと墳丘北東側のくびれ部に出る。墳丘の裾で道は南に曲がるが、この箇所が造り出しの正面にあたり、かなり崩れてはいるが高く突出した形状を見ることができる。ここから斜めに上がっていくと前方部前側に設けられた両宮神社の境内（H）に出る。上り道の中ほど部分の墳丘側に見られる平坦な部分は中段テラスである。ここよりも奥に進むのはむずかしいので、木々の間の内濠を見ながら引き返す。

石柱があった道までもどり、さらに北に進むと和田茶臼山古墳が見えてくる。この古墳が道の真横に見えるあたりに用水路を渡る小橋（I）があり、コンクリート舗装の農道がのびる。道は古墳の北側でカーブし、墳丘側の田が低くなる。この部分が和田茶臼山古墳の内濠の跡である。調査によって外濠の存在も確認したが、それは畦畔には現れていない。

和田茶臼山古墳は墳頂に上ることができる。ここからは両宮山古墳を後円部のほぼ真後ろから見ることになり、墳丘の手前には内濠の跡も見える。西に目を転じると緩やかなカーブをなす水田の畦が見られ、そのうちの下段（J）が両宮山古墳外濠の輪郭を示す畦である。また、墳丘の西側直下の畑と水田を区切る畦は和田茶臼山古墳前方部側中堤の輪郭を反映している。

和田茶臼山古墳からコンクリート舗装の農道を西にたどっていくと用水路にそって南に下がる農道（K）に出る。ここを下っていけばやがて車を置いた観光案内所が見えてくる。なお、地図を見ながら道を西にとればすぐに備前国分寺跡であるから、少しそちらに足をのばしてみるのもよいだろう。このほか、前方部前面側にまわって県道をわたり森山古墳を訪ねてみるのも一案である。

これが両宮山古墳の一周コースである。前方部側の中堤に上がってみるだけでも下から見るのとは異なる景観を目にすることができるので、時間がなければそれだけでもおすすめしたい。

なお、散策の際は、畑のなかに入らない、道ではない畑の法面は上り下りしない、ゴミはもち帰るといったマナーが必須であることはいうまでもない。

この後、時間があれば周辺の古墳群や遺跡を見てまわるとよいだろう（図8）。

東西一・五キロほどの範囲であるのでとりたてて順路を設定するほどでもないが、徒歩でそれほど時間をかけずということであれば、両宮山古墳→備前国分寺跡→森山古墳→正免東古墳→備前国分尼寺跡→朱千駄古墳→高月駅家跡→馬屋バス停、といった順路となろうが、可能なら廻り山古墳→小山古墳を含めたいところである。

自動車の場合、両宮山古墳と備前国分寺跡は問題ないが、それ以外の箇所は古墳の至近の位置に駐車場はないので、空き地をさがして駐車し歩くことになる。また、備前国分尼寺跡付近は道が細いので車は乗り入れないほうがよい。

時間に余裕があれば、また、天候が悪くなければ、両宮山古墳前の観光案内所に貸し自転車があるのでそれを借りて（四台あり）動いたほうがよいだろう。

このほか、少し遠くなるが西に足を伸ばして吉備最大級の巨石墳である牟佐大塚古墳（要懐中電灯）、北東の山陽団地内に保存されている岩田一四号墳なども一見の価値がある。自動車がないと

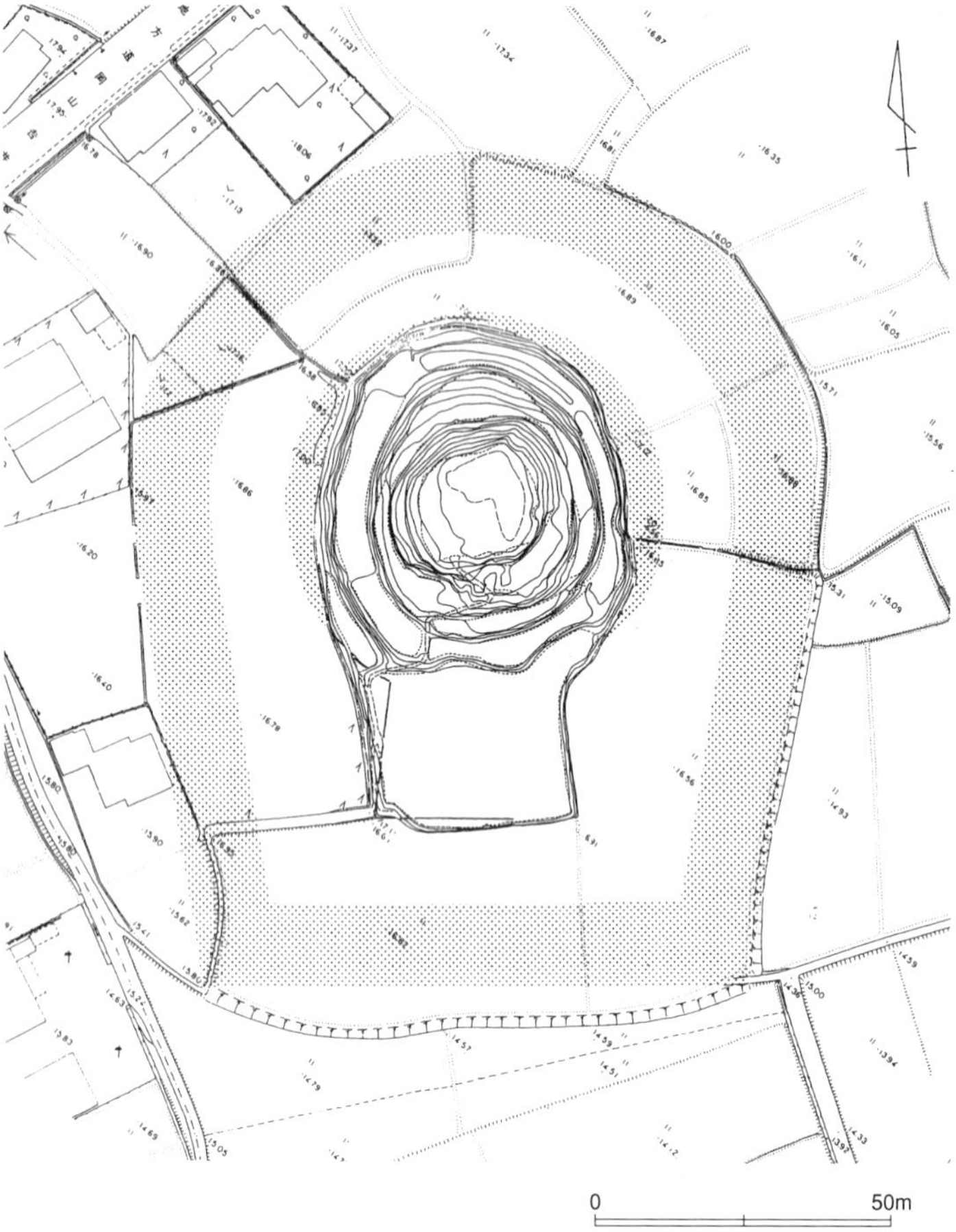

図31　森山古墳

無理だが、巨石墳・鳥取上高塚古墳、奈良時代の石積み遺構・熊山遺跡（国史跡）なども赤磐市域に所在している。

　出土遺物に関しては赤磐市山陽郷土資料館へ。ここには用木山遺跡、用木古墳群、岩田古墳群など山陽団地造成に先立つ発掘調査で出土した数多くの資料のほか、南方前池遺跡出土の縄文時代晩期土器や植物遺体、正崎

図32　森山古墳墳丘

二号墳出土甲冑などがある。両宮山古墳から約二・七《キロ》で自転車だとたいした距離ではないだろう。バス利用の場合は宇野バス、ネオポリス行き赤磐市役所前で下車（二〇〇六年現在）。バス停東前方の建物である。

3　両宮山古墳周辺の古墳群

両宮山古墳と和田茶臼山が築かれた後、大形の帆立貝形古墳・森山古墳が両宮山古墳の前方部前面に築かれ、さらに森山古墳と両宮山古墳の間に正免東古墳が築かれる。墳形や墳丘規模、築造時期からみて、この四基が一連の古墳群、主墳と陪塚である。

両宮山古墳につづく首長墳の築造場所は南の山麓に移動し、朱千駄古墳（中期後葉・八五《メートル》）が築かれ、つづいてその東方九〇〇《メートル》に小山古墳

（中期後葉・五四メートル）が築かれる。そして後期前半には両宮山古墳の東四〇〇メートルに位置する低丘陵上に廻り山古墳（四七メートル）が築かれる。首長墳はこの盆地状平野の西端を時計まわりの逆に築かれていったわけである。

以下、それらとその間に所在する古代の主要遺跡の概要を示す。

図33　森山古墳トレンチ（周堤と周濠）

森山古墳　墳丘全長八二メートル、後円部径六三メートル、同高さ一二メートル、前方部長さ二二メートルを測る大形の帆立貝形古墳で、西のくびれ部から墳頂に上ることができる。定型的な帆立貝形古墳としては岡山県下最大の規模であり、全国的にも有数の規模である。確認調査が実施されており周濠・周堤の規模が判明した。墳丘の周囲に幅一四メートル、深さ一・二メートルの周濠、その外側に基底幅一四・五メートル、高さ八〇センチの周堤がめぐっており、それらの形状は水田の地割りによく残っている。

後円部径に対して墳丘の高さが際だっているが、調査で確認された葺石は六〇度と強い勾配をもっており、本来、急角度で立ち上がる斜面と高い墳丘をもっており、その状況をよくとどめているとみられる。

両宮山古墳とは異なり葺石と埴輪をともなう。埴輪は円筒埴輪および朝顔形埴輪、形象埴輪には蓋・家（?）がある。また、朝顔形埴輪で肩部に鹿が描かれた破片（図36）が出土している。このほか須恵器壺の破片が出土しているが小片のため五世紀後半~末という以上に年代を絞ることはむずかしい。埴輪はいわゆる須恵質とよばれる窖窯《あながま》焼成で堅緻なものが多い。B種ヨコハケが施され、基部突帯は押圧技法とよばれる外面を板状工具によって押しなでて平坦に仕上げられる手法が用いられており、これは以下に述べる小山古墳の埴輪までこの地域では継続して見られる。

図34　森山古墳葺石

埴輪基部の高さや直径から本墳の埴輪は須恵器でTK二〇八型式の段階に位置づけられ、五世紀後半という築造年代を求めることができる。

両宮山古墳の全長に対して不釣り合いなほどの大きさをもち、単純に陪塚とみてよいのかどうか、評価がややむずかしい。この古墳の評価については

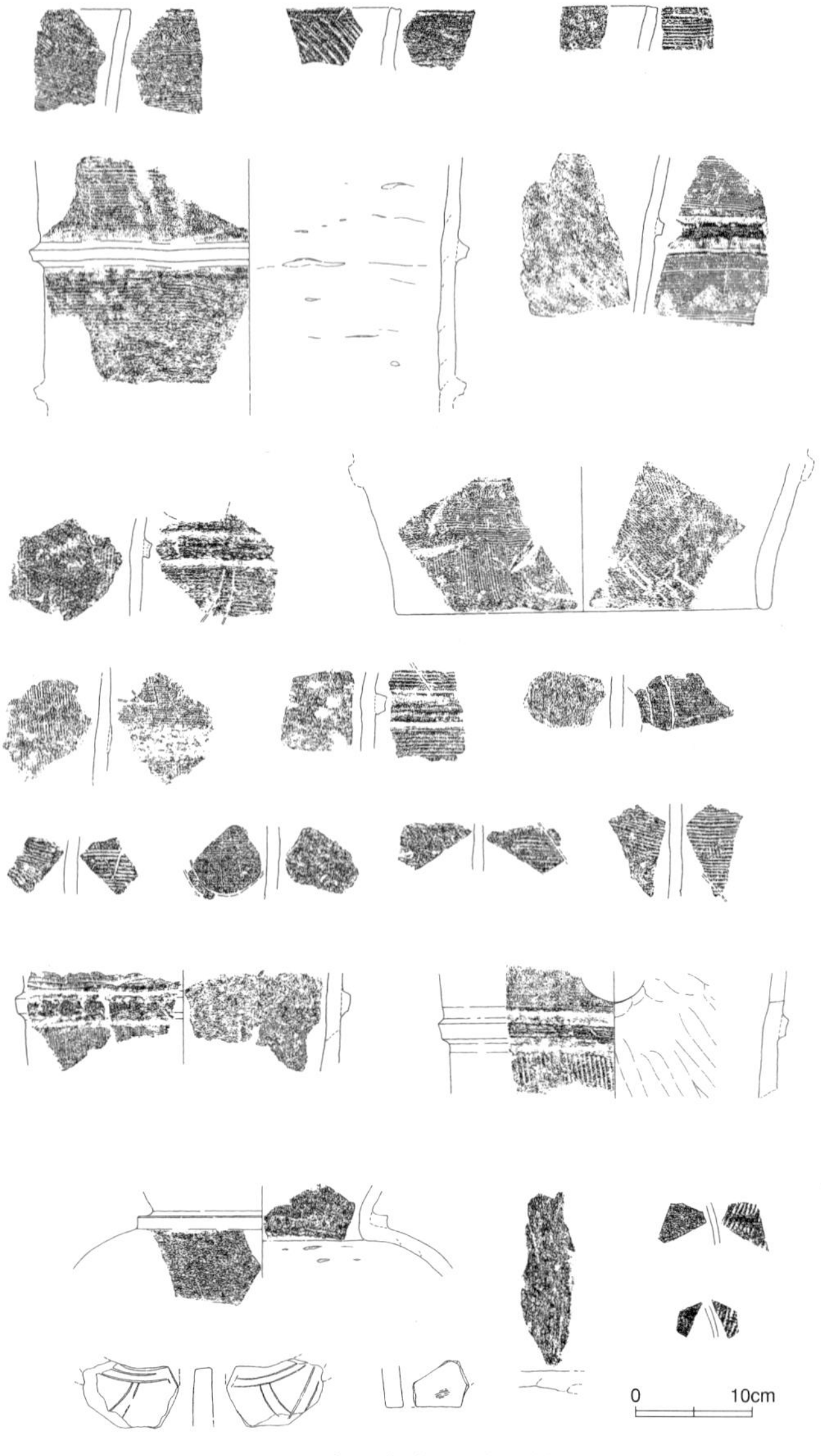

図35　森山古墳の埴輪（1）

Ⅷ章で検討を試みる。なお、前方部側は地形が大きく下降するため可能性はまずないだろうが、後円部側に外濠が設けられているかどうか知りたいところである。

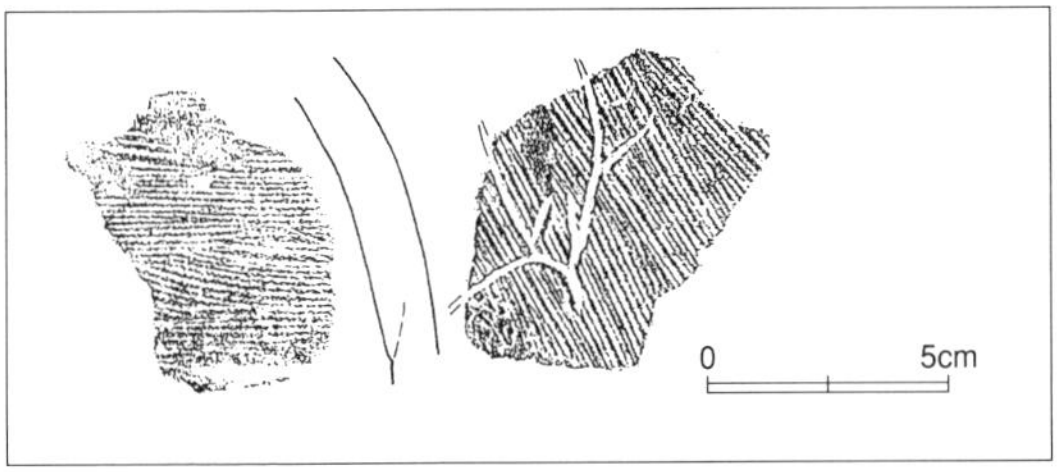

図36　森山古墳の埴輪（2）

正免東《しょうめんひがし》古墳

森山古墳の後円部北東側にお寺のそれに似た大きな屋根の建物が見える。これは公民館であるが、その建設に先立つ発掘調査によって発見された。公民館敷地の西隅が古墳の中心点で、この位置に説明板が設置されている。

検出されたのは径二三メートルの円丘部分と底面幅三メートルの周濠で、墳丘斜面下端と周濠外側斜面に葺石が設けられ、濠底には葺石石材と埴輪片が堆積していた。円形の約三割が検出されたわけであるが、前方部の有無については判断できないので、円墳か帆立貝形古墳か確定できない。周濠の外側には、全周するわけではないが弧状の溝がめぐっている。周濠と異なり葺石はもたないようであるが二重周濠の外濠の可能性が強いと考えている。

出土の埴輪には鹿の線刻絵画や円弧を組み合わせた文様をもつ破片があり、形象埴輪では蓋・家がある。

朱千駄《しゅせんだ》古墳

全長八五メートル、後円部径四〇メートル、同高さ六・五メートルの前方後円墳。両宮山古墳の南六〇〇メートルに所在する。墳丘主軸は山麓斜面に平行し東西方向である。墳丘の主要部分は畑や竹林となっているがかなり削平を被っている。現在、後円部が後端側を中心に半ばが失われた状態であるが、大きく開いた前方部をもつ古墳であっ

図37　正免東古墳

たことがわかる。

墳丘南側の山側には池が設けられ、前方部前端側も一段低くなっており、少なくとも山側に周濠がめぐっていたとみられ、全周していた可能性があると考えている。

埋葬施設は古く幕末〜明治時代に発掘されたため詳細な構造や副葬品については不明な点が多い。墳丘主軸に平行して長持形石棺が設置されており、本来は石室をともなった可能性が考えられる。副葬品は神人歌舞画像鏡およびもう一面の鏡、勾玉、管玉、小玉、刀剣類などである。棺内からは「蓆数枚分」と多量の朱が出土しており、これが古墳名の由来である。小玉の出土はとりわけ多かったようで、紫紺・緑・黄・赤色などのものがあった。多くの副葬品の配置はよくわからないが、鏡は棺内の両端に立てかけられ鉄製武器武具は棺外の一方に置かれていたという。

図38　朱千駄古墳

現存する副葬品は神人歌舞画像鏡で「尚方作竟自有紀　辟去不羊宜古市　上有東王父西王母　今君陽遂多　孫子椅皆兮」の銘文をもつ。径二〇・五《センチ》で布の痕跡が残る。また、棺外出土遺物のうち蛇行状鉄器が東京国立博物館に所蔵されている。

石棺は現在岡山県立博物館前庭に移されている。竜山石製の長持形石棺で、その分布の西端となる資料である。縄がけ突起を含めた長さ二・五九《メートル》、最大幅一・〇《メートル》で、巨大古墳で用いられる長持形石棺よりは小ぶりである。蓋石の縄がけ突起は側面の一つは突出が大きいが反対側の二つは棺蓋の斜面に位置し痕跡的なものとなっている。蓋の上面中央には浅いえぐれ状のくぼみが見られるが、低いほうの縄がけ突起の形状からみて、欠損ではないと推定される。蓋石を十分な厚さをもった石材から彫り出すのではなく、目的の形状

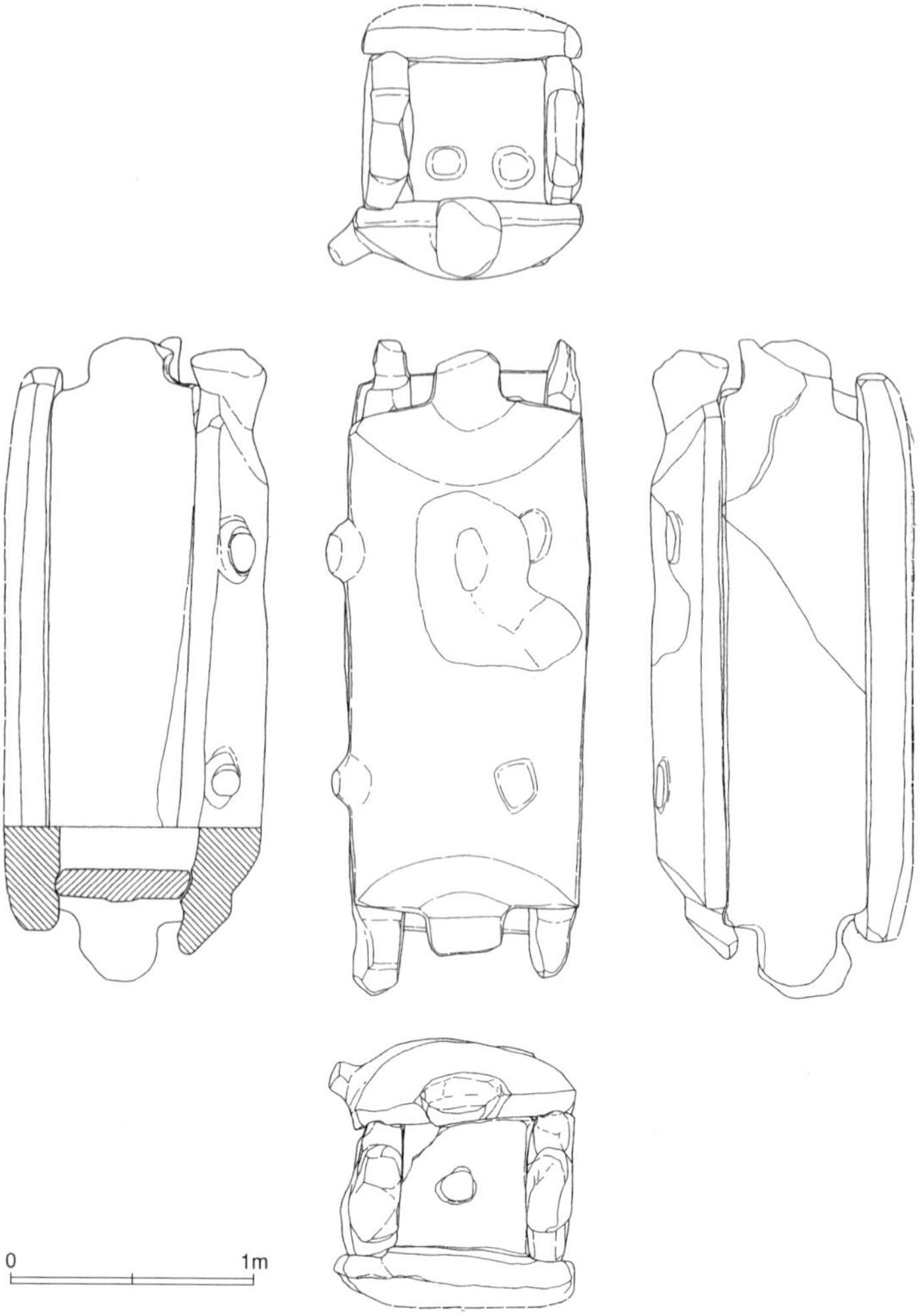

図39　朱千駄古墳石棺

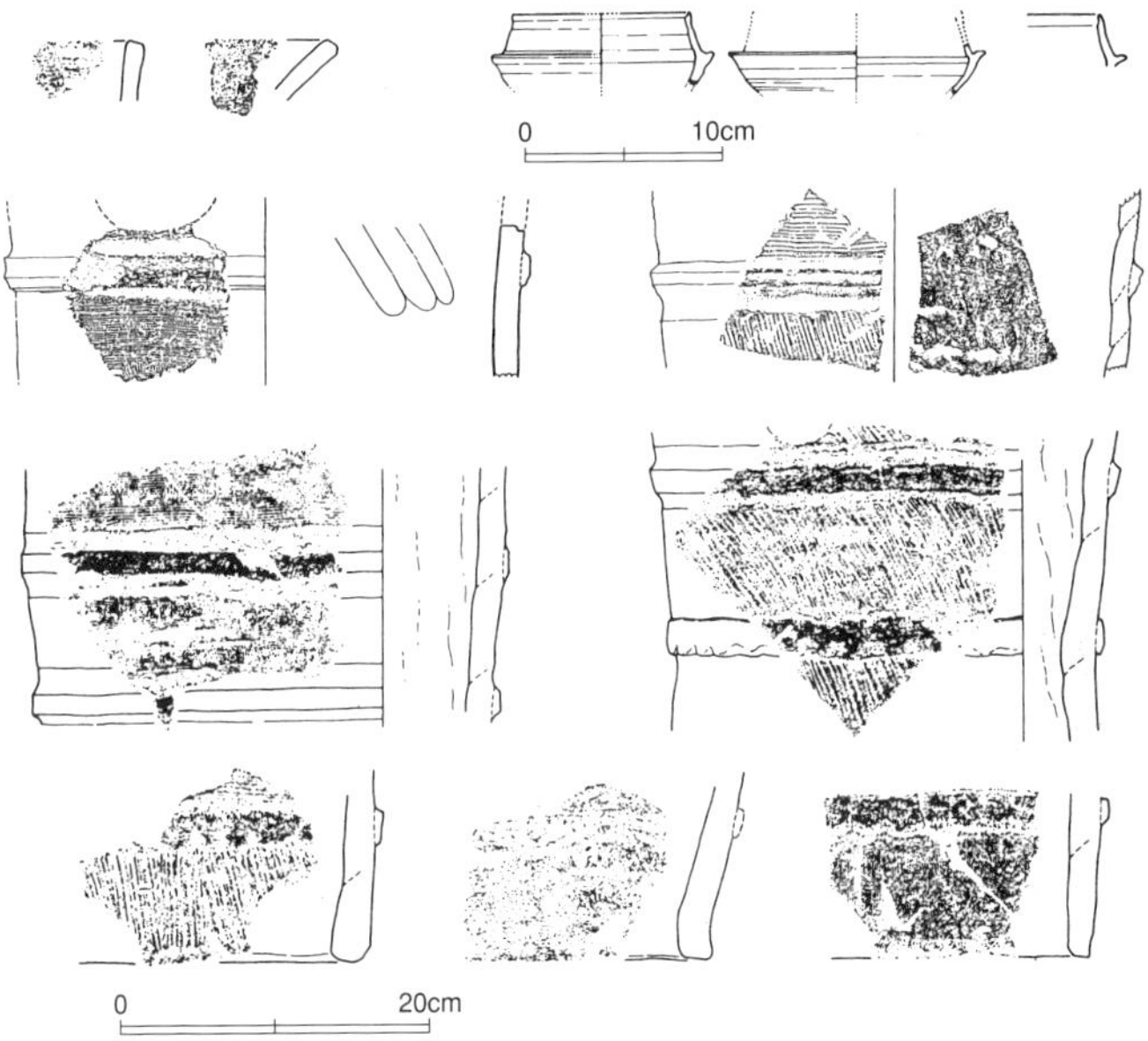

図40　朱千駄古墳出土埴輪・須恵器

に近い石材を用いたため原材にあったくぼみが残り、また片側には大きな縄がけ突起をつくり出すことができなかったとみられる。側面を構成する石材にも自然面の残存とみられる同様の浅いくぼみが見られる。大王の棺とよばれる長持形石棺ではあるが、本墳のものは製作にやや粗雑な点がある。

古墳の年代から長持形石棺の最も新しい型式とみてよい。最も高い格付けの石棺ではあるが、以前の時期ほど限定された存在ではなくなり、そのため本墳にもたらされることになったとみられる。

埴輪および須恵器が採集されており、さらに確認調査によって資料が増加した。埴輪は基部高が低く、B種ヨコハケが省略されてタテハケのみの個体を含み、森山古墳よりも新しい様相を示す。須恵器はTK二三～四七型式の杯が表採されており、本墳の築造が中期後葉・五世紀末であることが知られる。

小山古墳

朱千駄古墳の東九〇〇メートル、両宮山古墳の南東七六〇メートルに所在する。両宮山古墳の主軸延長線は森山古墳を通り本墳に達するが、偶然であるのかそれとも意図してその位置に築かれたのであろうか。

墳丘全長五四メートル、後円部径三六メートルの前方後円墳である。低い丘陵の先端に築かれており前方部を南に向ける。裾部はかなり削り込まれているよう

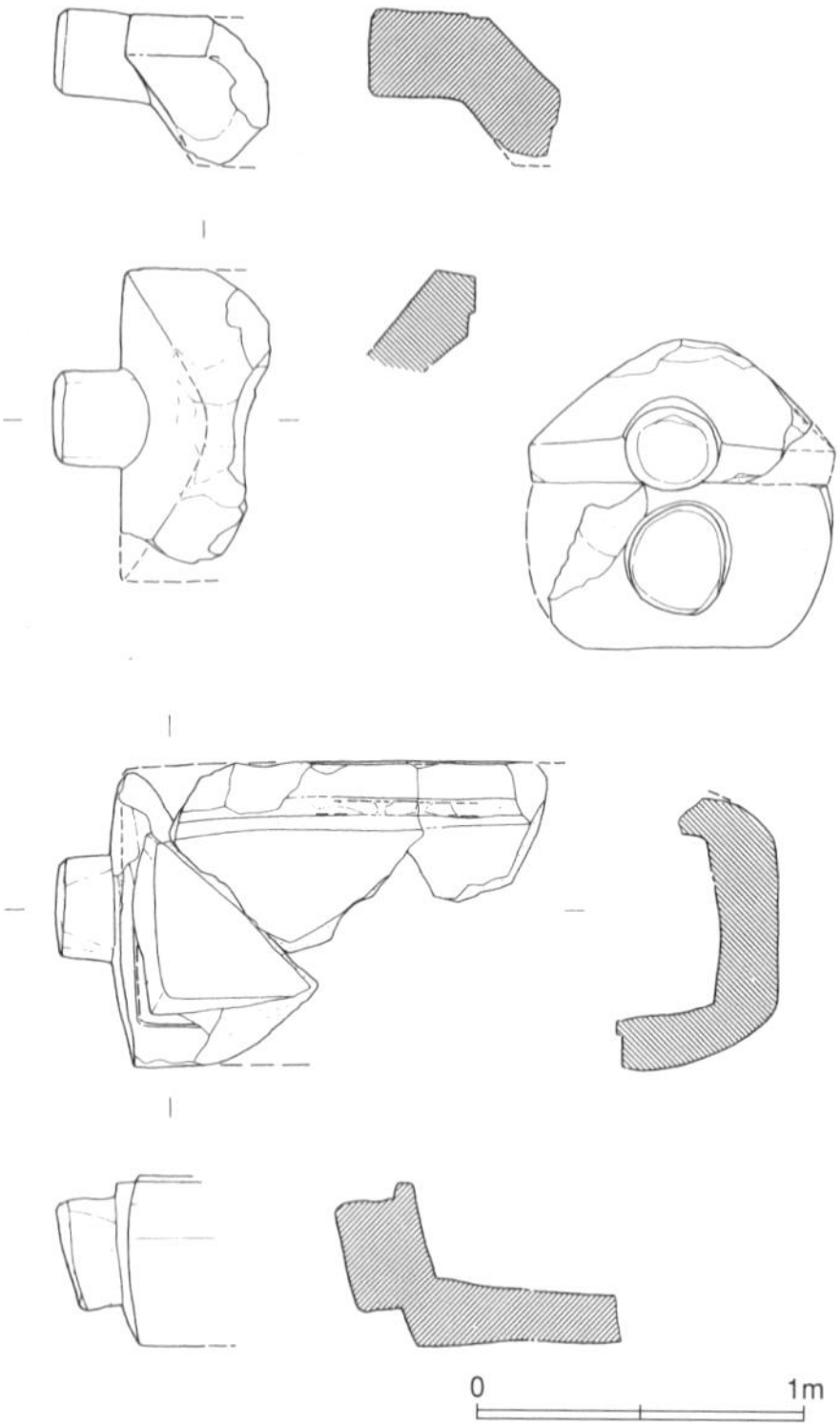

図41　小山古墳石棺

図42　石棺の加工痕跡

で本来の墳丘規模はもう少し大きくなる。墳丘が高く、規模がさほど大きくないため墳形はわかりやすい。下草も刈られている。

　前方部は後円部よりも低く狭いが通常の帆立貝形古墳よりも高さがある。どの程度の改変を受けているか明確でないとはいえ、後円部を凌駕する大きさの前方部が削られたとは考えにくいため、もともと前方部が低く、帆立貝形古墳の一形態と判断している。

　後円部後端側の畑はその外側よりも一段低く周濠の痕跡とみられ、前方部前端側も同様の形状を示す。周囲の畑・水田の形状から、周濠と周堤が本墳をとりまいていたと判断できる。

　墳丘全体が神社として利用されており後円部には社殿が所在するが、社殿の裏側には古式の家形石棺がいくつかの破片となって所在している。阿蘇溶結凝灰岩製で、熊本県・肥後から運ばれたものである。最大幅九二センチ、棺身・棺蓋を合わせた高さ八九センチを測る。小口部分には太い円柱状の縄がけ突起がつくり出されている。石棺の横には石材の集積がある。これは石棺を収めた石室の石材ではなく、社の建設に関係してもち込まれたものとされるが、現状を見るかぎり石室の一部である可能性が強いと思われる。石棺は明治時代に発掘されたようであるが記録は少なく、墳丘主軸に平行して置かれ石室はともなっていなかったと伝えられる程度で、副葬品についても不明である。

　埴輪および須恵器が採集されている。須恵器は小片であるがTK四七型式とみられる。埴輪はB種ヨコハケが施され朱千駄古墳のものとよく似ており、それと同時期ないしやや後出すると判断できる。

　朱千駄古墳からさほど時期をおかず築かれたとみられる。

図43　廻り山古墳墳丘

廻り山古墳　両宮山古墳の東四〇〇メートル、森山古墳の北東二〇〇メートルに高さ五メートルの低い丘陵が所在しており本墳はその頂部に所在する。かつては丘陵全体が古墳と想定されていたが、それは考えにくい。

丘陵西側からの登り道をたどると前方部前面にいたる。

墳丘全長四七メートルの前方後円墳である。墳丘上も以前は畑となっていたため上面が若干削平されているが、大きく開いた前方部を北に向ける墳形をとどめる。墳丘の周囲には幅一〇〜一五メートルの畑がとりまいており周濠を反映すると考えているが、周堤部分を考慮すれば濠幅はそれほど広いものではなかっただろう。なお、この推定が正しいとすれば、墳丘をとりまく周濠は本墳が最後であり、これ以降の古墳は背後の丘陵斜面を切断して半円形に墳丘をとりまく後期型の周溝にかわる。

図44　廻り山古墳の遺物

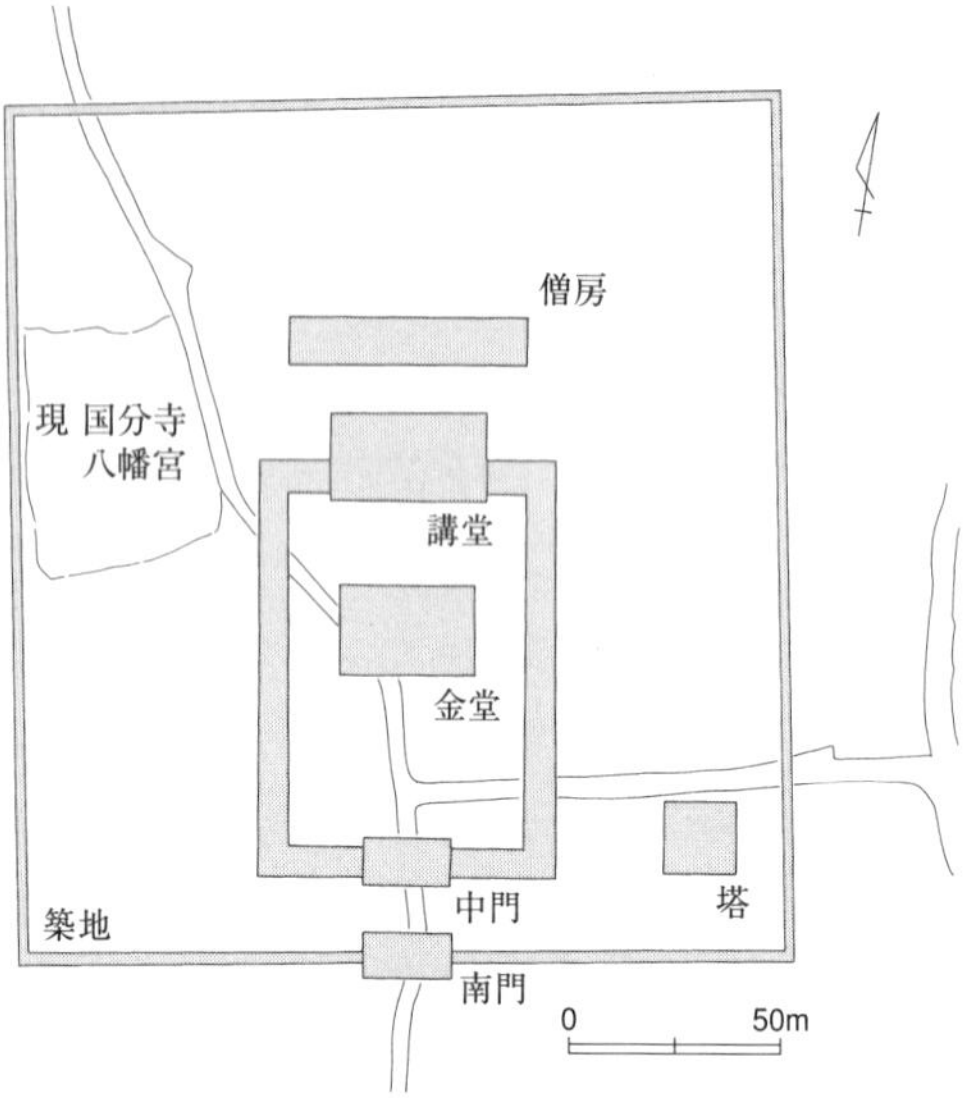

図45　備前国分寺の伽藍配置

埴輪および須恵器が採集されている。須恵器は杯・はそう・装飾付き壺・器台などからなり、器台が主体を占める。装飾付き壺は小壺や鳥を飾るものである。器台のなかにはTK四七型式とみられるものが一個体含まれるが、他はやや新しくMT一五型式、さらにTK一〇型式まで下るかとみられるものを含んでいる。須恵器の時期幅がやや広いが本墳の築造時期はMT一五型式で後期前半、六世紀前半と考えている。

備前国分寺跡　両宮山古墳の西に広がる緩斜面に所在する。あらためて言うまでもなく聖武天皇の発願によって奈良時代に各国に建立された古代寺院である。一九七四（昭和四十九）年に確認調査、二〇〇三（平成十五）年から二〇〇五（同十七）年までの三カ年にわたって、整備のための発掘調査が実施された。今後、遺跡整備が進められていく予定であり、訪れるたびに景観は変わり遺構の表示が進んでいることだろう。

南北二〇〇メートル、東西一八〇メートルの広大な寺域をもつ。南から南門・中門・金堂・講堂・僧房が一直線に連なり、寺域南東隅に塔が設けられる国分寺

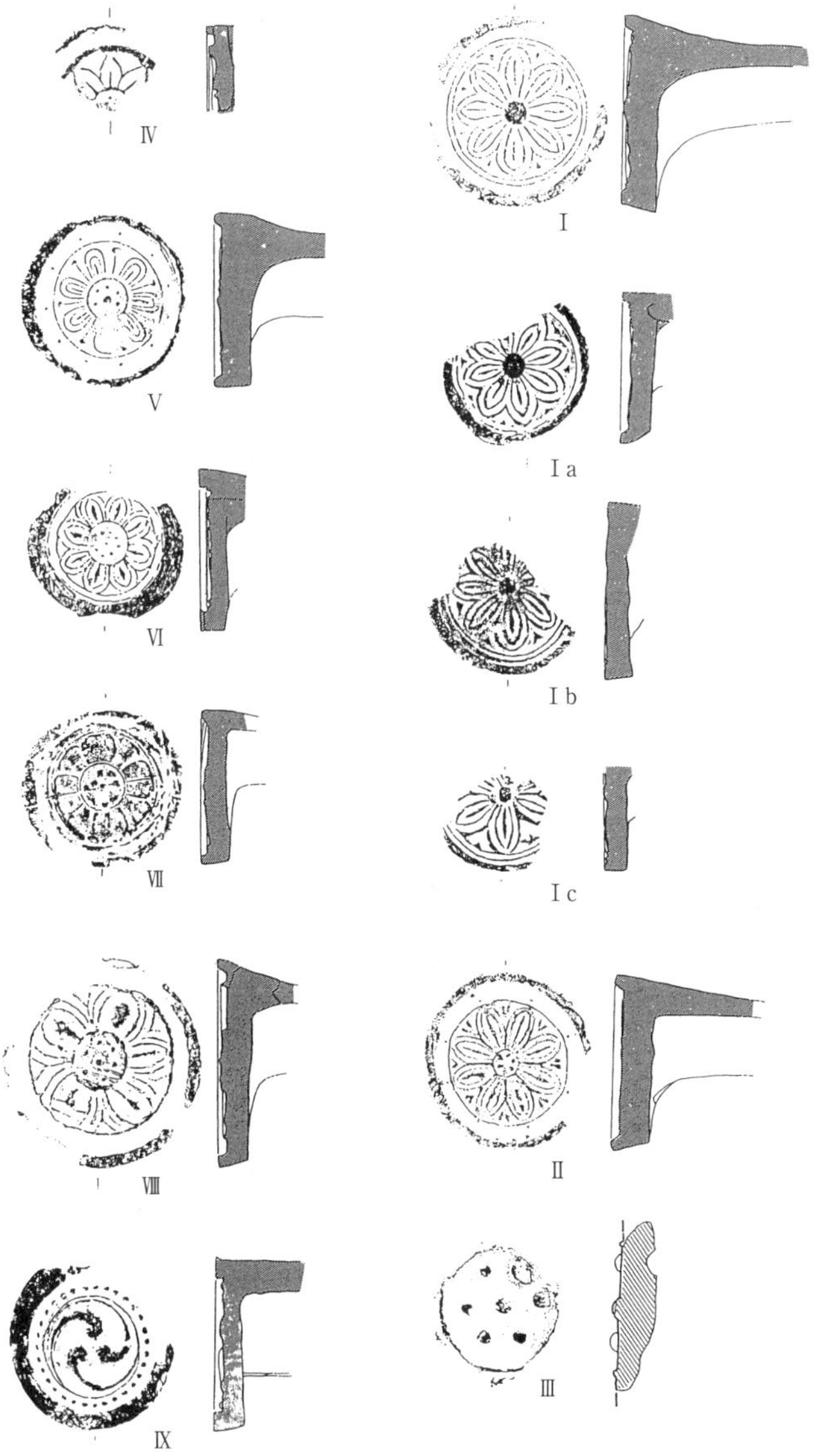

図46　備前国分寺跡出土瓦（1）

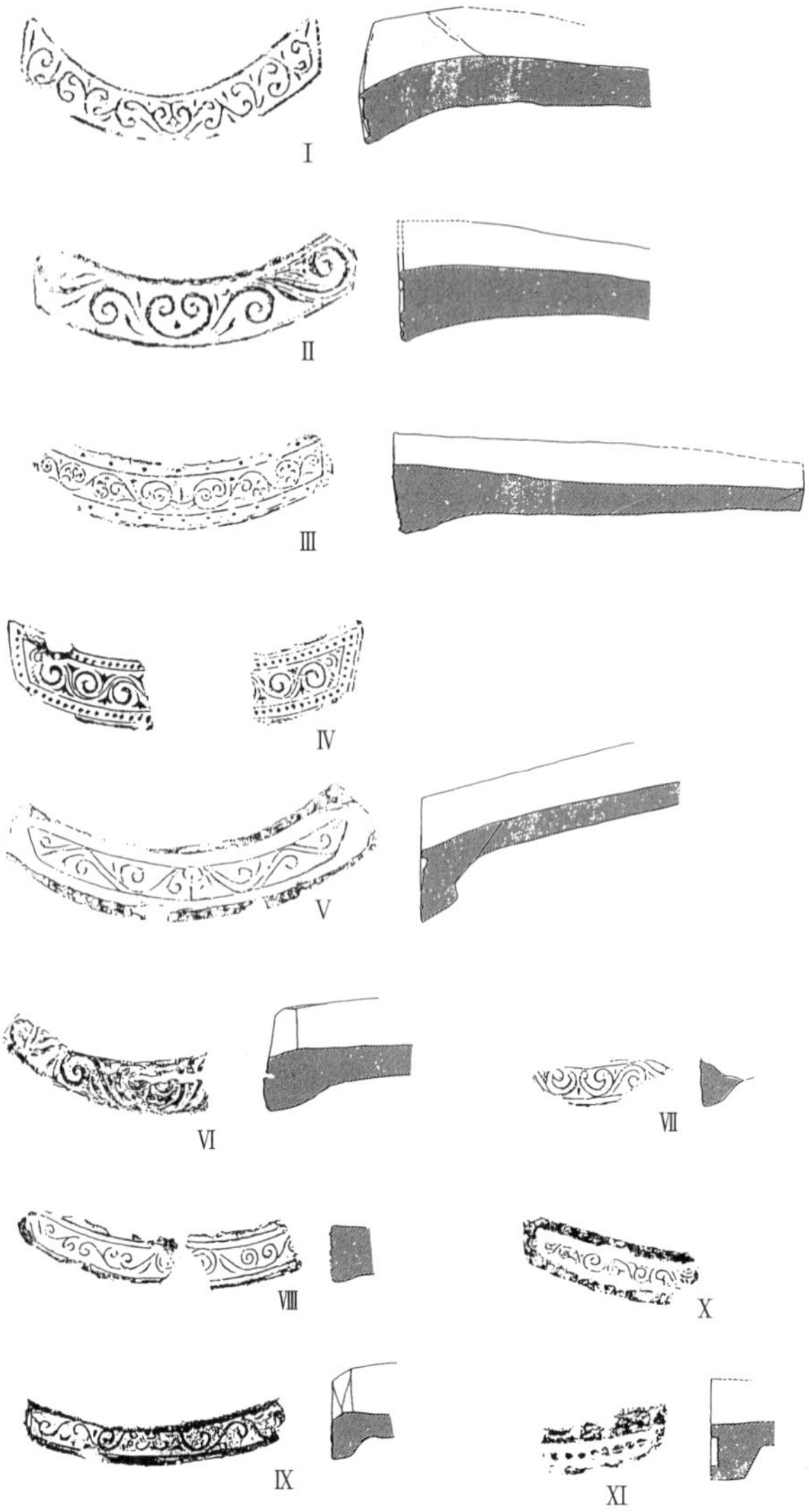

図47　備前国分寺跡出土瓦（2）

式の伽藍配置をとる。複廊式の回廊は中門と講堂をつなぎ、金堂を囲む形になる。創建後、平安時代末ごろには主要伽藍が失われたようであるが講堂は室町時代に再建され、これも安土桃山時代に焼失したことが明らかになっている。それぞれの建物の規模や変遷は整理作業を経て報告書にまとめる予定である。

　現地は水田跡となっている。西に見える林が国分寺八幡宮の社叢で、その西端が寺域の西辺、南辺は四棟の温室の北側、東辺は両宮山古墳側の南北方向の道から西四〇《メートル》の畦畔の連なり、北辺は東西にのびる道の南四〇《メートル》付近であり、寺域の広がりを見渡すことができる。寺院を偲ばせるものはそれほど多くないが、塔心礎とその上に設置された石造七重層塔が所在する。層塔は鎌倉時代の作と推定されており、塔の廃絶後、復旧の代わりに設置されたものかもしれない。寺域のほぼ中央には小さな堂が見えるが、この位置が講堂であり付近の畦畔に用いられた大形の石材は講堂の礎石である。塔の心礎を含め使用された石材には加工はなく、自然石がそのまま使用されている。なお、この小堂は最後まで残った講堂の跡に所在しており、備前国分寺の現地に残った最終的な姿といってよいようである。

　講堂の南側などはかなりの掘削を被っていたが、遺構の保存状態は総じて良好であり、南門や回廊では奈良時代の礎石が、講堂の北部では室町時代の礎石が遺存していた。削平を受けた部分においても多くの場合礎石の基礎となる根石が遺存していたり、元の位置に近接した場所に穴を掘って礎石が落とし込まれていたため、建物の間取りや規模を知ることができた。

　調査によって伽藍の詳細が明らかになったが、調査担当者を悩ませているのは基壇外装である。

寺院の建物は基壇とよばれる土を積んだ長方形の土台の上につくられる。建物そのものは遺存していないので、寺院建物の調査は基壇の調査となる。通常、基壇側面の荘厳と保護のために石材や塼、瓦などで被覆がなされており、それが基壇外装あるいは基壇化粧とよばれる。調査ではいずれの伽藍においても基壇外装は遺存していなかった。後世の削平や石の抜き取りによってそれらが失われることはしばしばあるが、備前国分寺の場合そうした痕跡はなく、建物の焼失や倒壊によって形成された瓦溜まりの下方でも検出することができない。したがって、平安時代に寺院建物がまだ機能しているうちに基壇外装が失われたことになるわけであるが、どうしてそのようなことが生じたのか目下検討中である。

遺物は瓦が主体を占める。瓦当文の分析などはこれからであるが、文字瓦の多さが注目される。文字瓦は長文を記した破片一点があるが、基本は平瓦の凹面に一文字を記すもので、それがかなりの量出土している。刻まれた文字は上・二・三・八・十など数字が中心で生産にかかわる符号とみられる。

備前国分尼寺跡（仁王堂池遺跡）

備前国分寺の中軸線上に位置する道を南にたどり、高速道路の高架をくぐり、県道を越えてしばらく行くと大きな池の横に出る。備前国分寺の南端から三〇〇《メートル》である。池の名を仁王堂池《にのうどうのいけ》といい付近が備前国分尼寺跡と推定されている。中軸線を備前国分寺の軸線と平行させ、池の東岸を東端、北岸・南岸をそれぞれ端とする辺一町半弱、一五〇《メートル》ほどの寺域が想定されている。

池の西岸には礎石が存在したようで、瓦も多量に採集されている。軒丸瓦・軒平瓦はともに備前国分寺と同型式である。小規模な調査が実施されてはいるが遺跡の概要はまだ明らかになっていない。

さて、ここまで備前国分尼寺跡として説明してきたが、少し問題を提起しておく。ここを備前国分尼寺とする根拠は瓦が備前国分寺と同型式であること、それに加えて仁王堂池という名称が尼寺からきているのではないかという解釈である。問題となるのは地形である。南側が山であるため南西が高く北東が低くなる斜面であり、少なくとも四メートル下降する。南面する寺院を想定できなくはないだろうが、通例とはかなり異なる形になろう。もっとも、より小さい規模を想定するなら地形はさほど問題にはならない。

国分尼寺の比定がなされた時点では奈良時代の瓦の出土地点はここと国分寺跡の二カ所であったが、現在では後述の高月駅家推定地が加わり三カ所である。出土瓦にはとりたてて型式差はないため高月駅家を遺物をもとに区分することは現状ではむずかしい。以下に述べる高月駅家推定地は山麓の南向き緩斜面に位置しており、そこは一町半の寺域を収めるに足る広がりをもつ。それが備前国分尼寺跡であり、平坦な範囲がより狭くても立地可能な駅家がこの遺跡にあたるのではないかと考えている。

高月駅家推定地（馬屋森向遺跡）　以上の見解にもとづけばここは国分尼寺であるが、以下、駅家《うまや》の説明を行う。

古代山陽道がこの地を北東―南西方向に通る。現在の県道とほぼ重複する位置であったと推定され、両宮山古墳と森山古墳の間を通過するとみられる。古代山陽道には公用の伝馬連絡や国司の赴任などのため、二〇頭の馬を擁する駅が約七～一〇キロの間隔で設置された。備前国には東から坂長、藤野（のちに可磨）、高月、津高の四駅が設置されたことが『延喜式』に記されている。備前国の東から三つ目の駅、高月駅が両宮山古墳西側の馬屋地区に比定されている。駅家の実体については長らく不明であったが、播磨において発掘調査が進み、「瓦葺粉壁《かわらぶきしらかべ》」と史書にあるとおり、瓦葺き建物を用い、一辺八〇メートル前後の規模の施設であることが明らかになっている。

所在地は備前国分寺跡の西七〇〇メートルで、馬屋バス停の西三〇メートルのところに説明板がある。瓦の散布が見られたのはバス停の西約一二〇メートルで、以前、県道拡幅工事の際に発掘調査が実施されている。幅三メートルの平安時代以前の古道とみられる遺構が検出されており、その上方の堆積土中から奈良時代の瓦が多量に出土した。軒丸瓦は備前国分寺創建瓦と同文のものが主体を占め、平城宮式が一点含まれる。

私見の当否はともかくとして、奈良時代にはこの狭い範囲に二つの寺院と駅家が設けられたわけであり、壮観な眺めであったろう。

陣《じん》場《ば》山《やま》古墳群

備前地域の古墳時代を考えるうえで重要な位置を占め、両宮山古墳とのかかわりも考えられる古墳群である。調査がなされたのはかなり前であるものの報告書が刊行されておらず不明確な部分が多いが、概要を記しておく。

古墳群の所在地は赤磐郡瀬戸町江尻（現在は旭ヶ丘）で、両宮山古墳から直線距離で五キロ、赤磐市南部平野の南、砂川の下流側に所在する小平野に面した丘陵上に所在する。現在は削平されて住宅地となっているが、もとは長さ三五〇メートル、比高四〇メートルの低丘陵が所在した。

古墳群は尾根上に形成されており九基の円・方墳と六基の円筒埴輪棺墓からなる。古墳のうち丘陵最高所に築かれた二号墳は径二五メートル、高さ二メートル

図48 陣場山遺跡出土埴輪棺

を測るが、他はそれ以下の規模の小墳である。埴輪棺墓とされたうち、少なくともいくつかは本来は墳丘をもっていたと思われ、小墳が一〇基以上の群を形成していたとみてよいだろう。古墳の埋葬施設にはおもに箱式石棺が用いられるが、二基の古墳では埴輪棺が埋葬施設として用いられていた。それを含めて、検出された埴輪棺は一二基である。埴輪棺のなかには、棺蓋が別に製作され透かし孔がない特製の棺―円筒棺と、通常の円筒埴輪が棺に転用されたとみられる埴輪棺に区分されるが、後者のなかには弧文や鹿、水鳥などの絵画をもつ特製の個体もあって円筒棺と埴輪棺の区分はなかなかむずかしく、ここではこれらを一括して埴輪棺とよぶ。

この古墳群の埴輪棺の特徴は、埴輪棺という特殊な墓制の採用期間がきわめて長いことにある。詳細な検討が必要であるがその概略を示せば、図

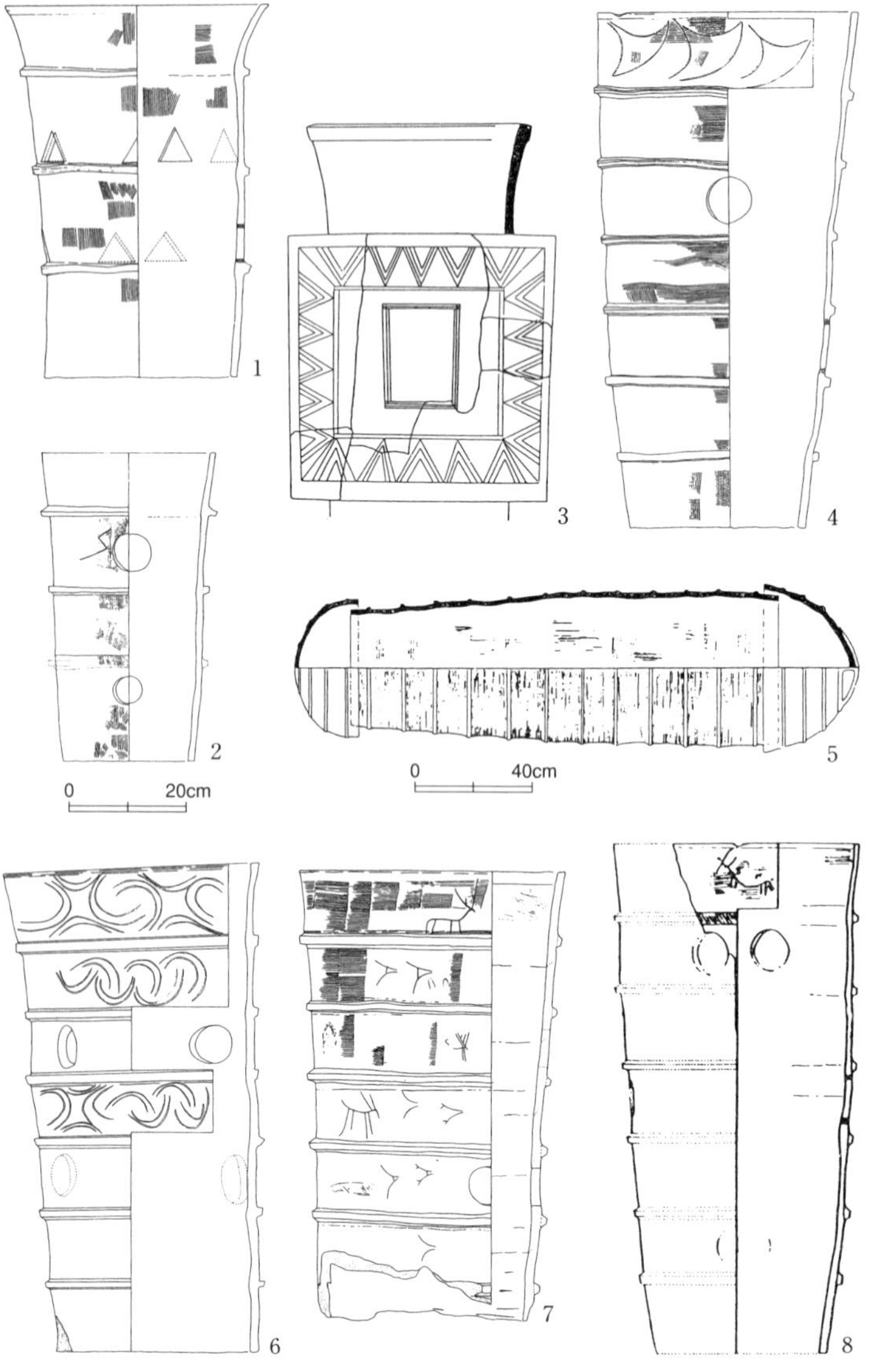

図49　陣場山遺跡出土埴輪

49―1は上端が外反して口縁部の形状をとどめ、三角形透かし孔を一段に五つ施しており、単純に言えば前期中葉となる。また、2は中期前葉とみてよい。そして、鹿や水鳥を描く7と弧文が施される6は、もう一個体の円筒を加えた三個体で一棺をなすが、これらは両宮山古墳と同じ中期後半とみてよい。

埴輪棺は棺として特別に製作されたものがしばしば見られる一方、ここで見たように小墳の主体部に用いられることが一般的であるため、埴輪製作集団の長あるいは工人に採用された棺と推定されている。造山・作山古墳の場合、埴輪棺を主体部とする小墳はそれらから半径四キロ《キロ》の範囲に散在して築造され、築造期間もほぼこの両墳の年代にかぎられるようであり、古墳の築造にあたって埴輪製作工人が巨大古墳の周辺に編成・配置されたとみられる。

それに対して、陣場山古墳群はいずれの古墳群とも近接しない丘陵に形成されており、拠点を保持したまま埴輪製作にあたったことを示している。古墳群出土の形象埴輪のうち盾形埴輪は金蔵《かなくら》山《やま》古墳のものに似るとされており、金蔵山古墳の埴輪製作に携わった可能性は十分に考えられる。さらに両宮山古墳そのものは埴輪をもたないが、つづく森山古墳や正免東古墳などでは大量の埴輪が使用され、また、両墳ともに鹿の線刻絵画が描かれた埴輪資料も知られる。こうした状況から、陣場山古墳群の被葬者は両宮山古墳群の埴輪製作にもかかわりをもったと推定してよいだろう。

長期間にわたる埴輪製作集団の墓、陣場山古墳群は中期後葉をもって築造を停止し、後期前葉から製作がはじまる一次調整タテハケのみの、小形化した埴輪は出土していない。製作を他の集団に譲ることになったのか、拠点を移動させたかであろう。

陣場山古墳群は残っていないが、背後につづく丘陵上の向山古墳群も性格を同じくする古墳群である。埴輪棺は瀬戸町郷土館で保管・展示しているが、開館は第二・第四日曜日のみ、九時〜一六時である。

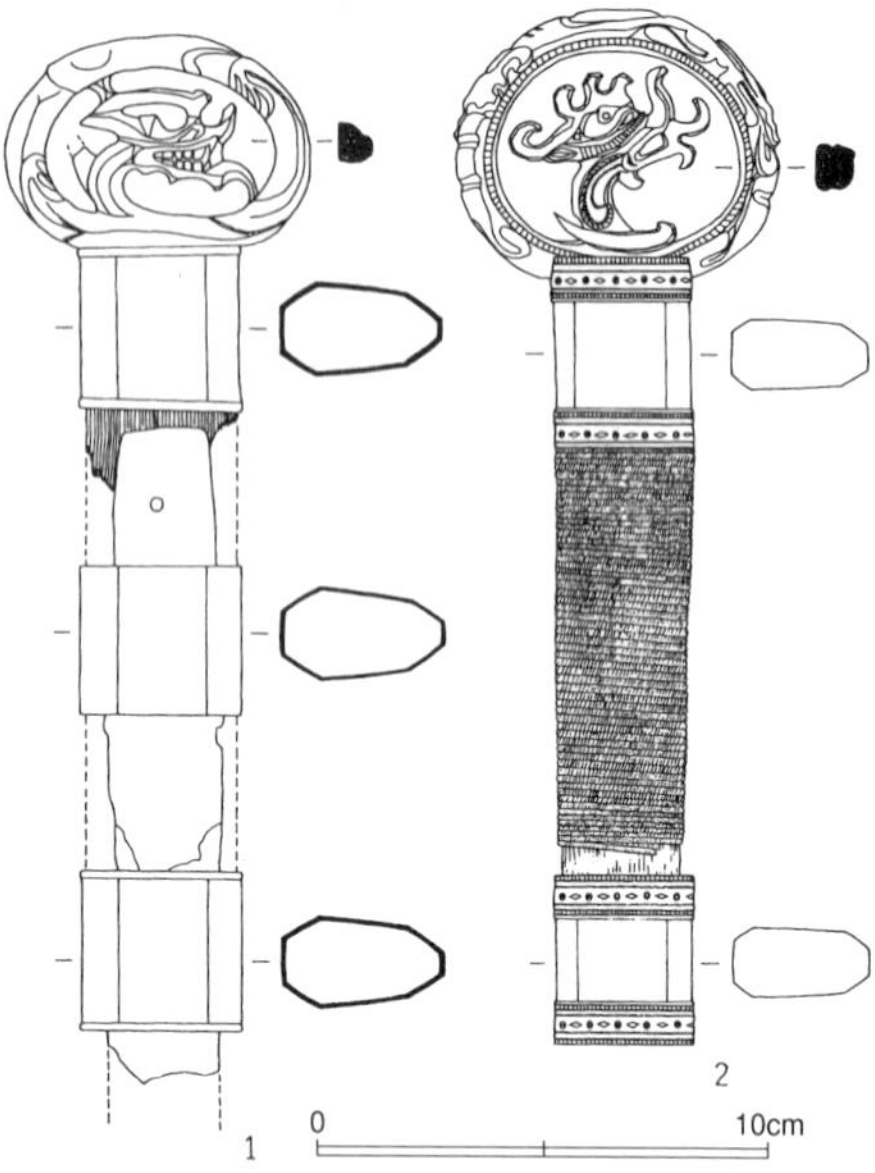

図50　岩田14号墳出土遺物

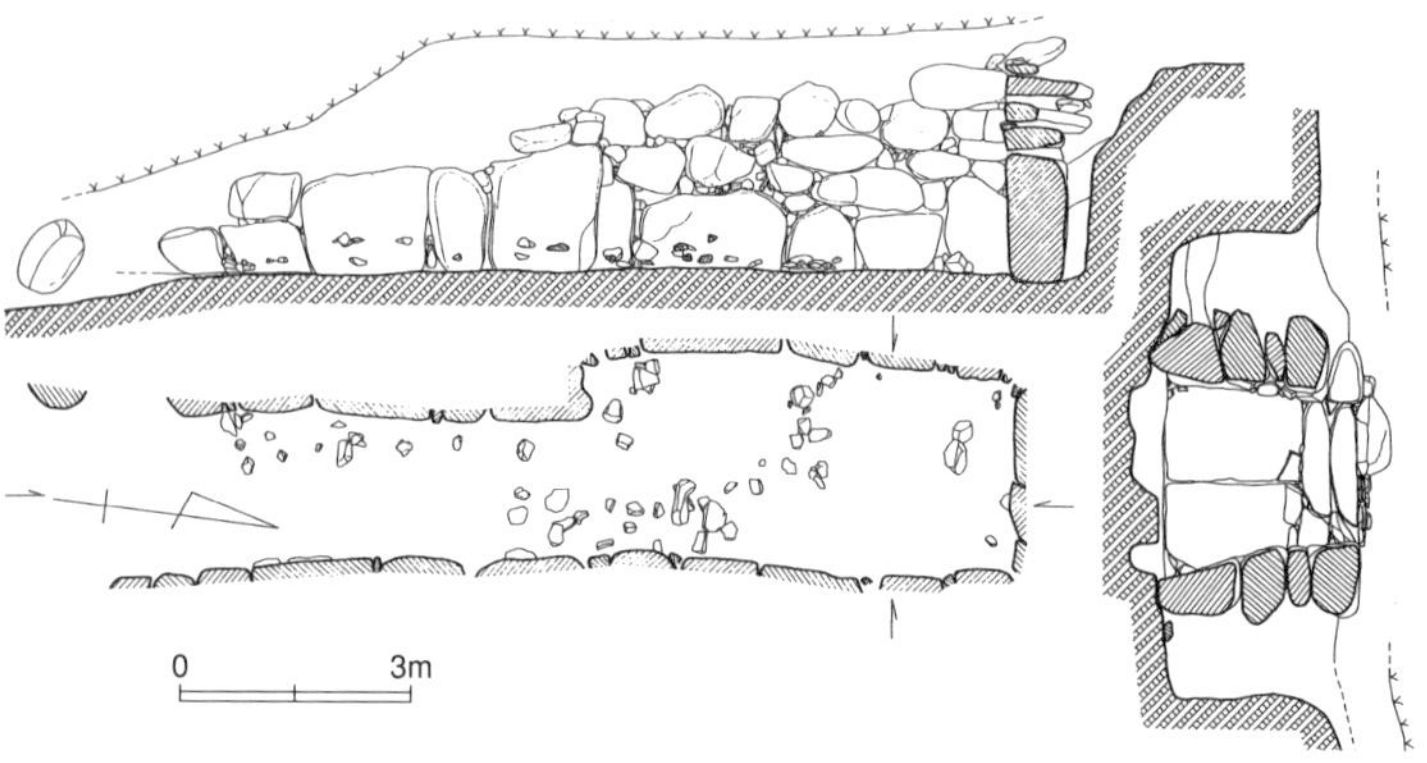

図51　岩田14号墳石室

岩田一四号墳

両宮山古墳東側の丘陵上に所在する後期古墳。山陽団地造成にともなう発掘調査の際に検出され、調査後に保存されている。両宮山古墳からの距離はほぼ一キロで、山陽西小学校の東二〇〇メートルの公園内に所在する。

石室の天井部は失われていたが、側壁以下は遺存し、全長一一・八メートル、玄室長さ五・五メートル、同幅二・七メートル、羨道長さ六・三メートル、同幅一・六メートルを測る。床面は未盗掘で保存状態はよく、木棺痕跡七基が検出された。副葬品は大量の須恵器、玉類、武器、馬具などからなるが、単竜環頭大刀二点、特殊なガラス玉である雁木玉一点は出土例の少ない優品である。石室の規模・副葬品ともにこの地域の後期首長墳の代表例である。出土遺物は赤磐市山陽郷土資料館に展示している。

岩田一四号墳の西五〇〇メートルには現状保存された前半期古墳、野山古墳群が所在する。屈曲して西から北へと下降する尾根の稜線上に、径十数メートルの円墳ないし方墳一三基が連続して築かれている。箱式石棺を用いるものが含まれており、中期の古墳群とみられる。

牟佐大塚古墳

両宮山古墳の西三・〇キロ、岡山市牟佐、旭川の渡河点に所在する巨石墳である。駐車場はないが、両宮山古墳の帰路にでも一見の価値はある。牟佐下バス停から五〇メートル、水路の東側を北に進み橋の下を抜けたところで右折して、橋のスロープの付け根から北に入ったところにある。石室が大きいため懐中電灯があったほうが観察しやすい。国史跡である。

現在墳丘の頂部が家並みからのぞく状態であるが、築造当時は相当に目立つ存在であったことだろう。

墳丘は相当削り込まれて原形を失っているが径三〇メートル、高さ八・五メートルを測る。墳形の復元は困難

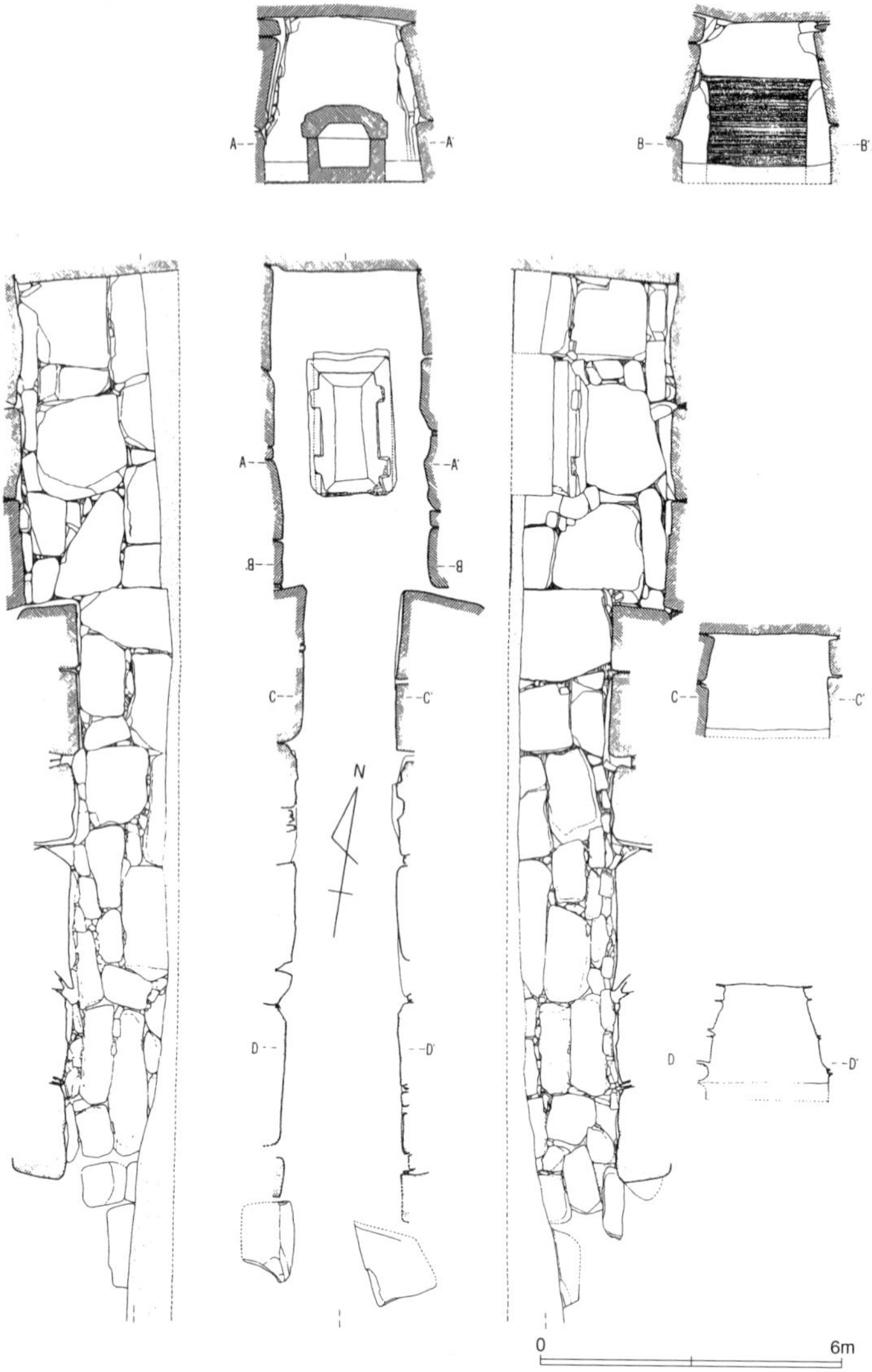

図52　牟佐大塚古墳石室

であるが、大形の方墳ではないかと考えている。全長一九・一メートルの巨大な横穴式石室をもつ。玄室長さ六メートル、同幅二・八メートル、高さ三・二メートルを測り、奥壁は一枚石である。羨道は長さ一二メートルと玄室の長さの二倍あり、幅二・四メートルを測る。玄室の中央には長さ二・九メートル、幅一・六メートルの家形石棺がある。石材は本墳から四〇キロ以上離れた備中南西部で産出する浪形石（貝殻石灰岩）である。

古くから開口しているため副葬品は不明であるが、石室の形態から七世紀の築造とみられる。

Ⅵ　巨大古墳の総長

1　墳長と総長

墳長あるいは墳丘長は古墳の墳丘部分の長さであり、総長は濠・堤など周辺施設を含めた数値である。

両宮山古墳の総長は主軸線上で三四九メートル、外濠前面幅は三一八メートルで、地形の影響がなかったなら三二四メートルになっていたとみてよい。

墳丘規模に関しては大きさの順位が示され古墳被葬者の力の優劣の指標とされることが多い。それに対して総長や外濠の形状が比較検討されることは少ないが、両宮山古墳の位置づけを考えるにあたって総長の比較が有効と考えられるため、図53にそれをまとめた。資料はすべて前方後円墳からなるため、グラフはそれぞれの古墳の総面積の関係をほぼ示すともいえる。

総長は古墳、とりわけ巨大古墳の重要な指標ではあるが、その比較はたいそうむずかしい。両宮山古墳のそれが判明したのもごく最近のことであることからも明らかなように、正確な数値が明確でないものがじつは大半を占める。外域の全体像

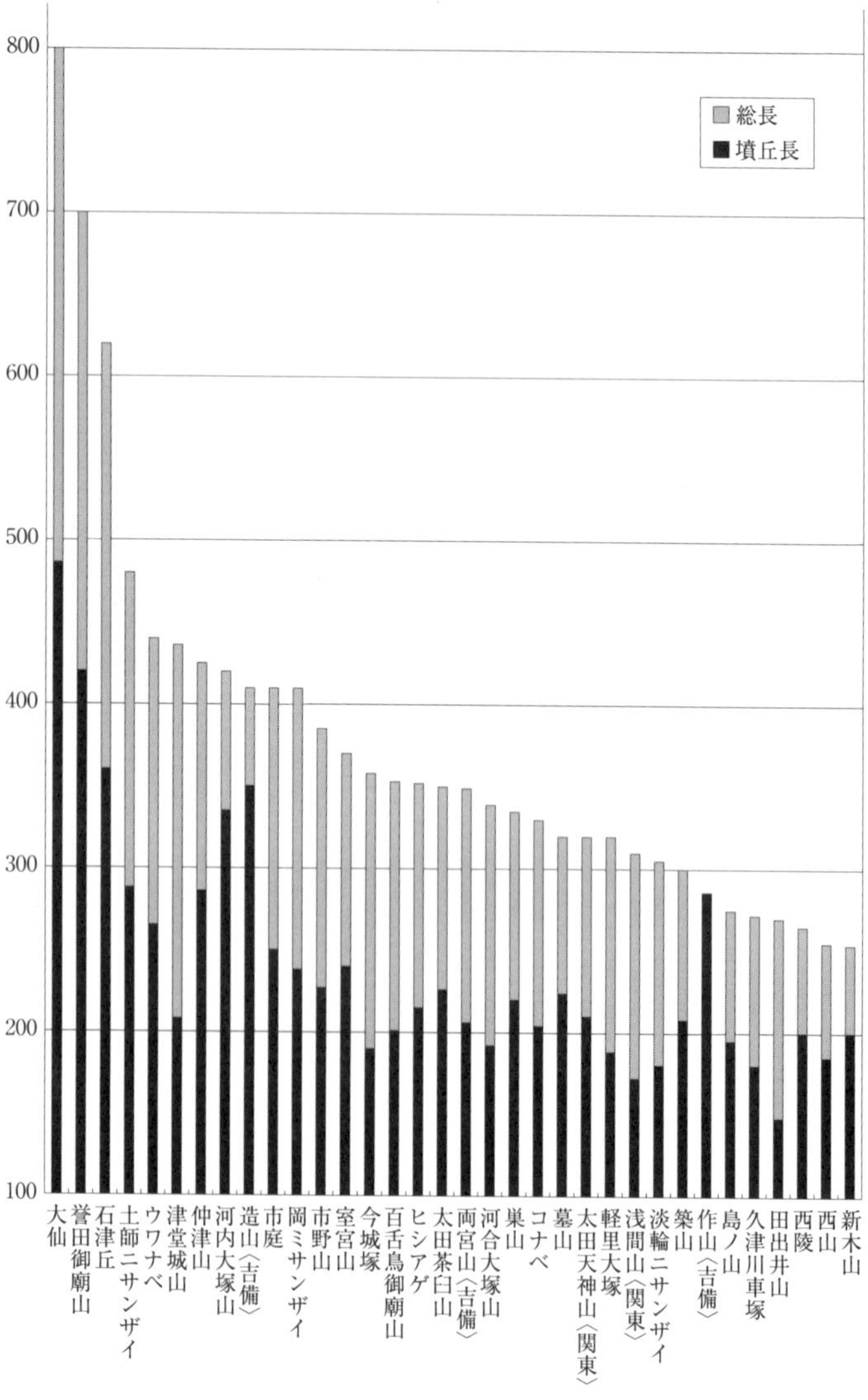

図53　巨大古墳の総長と墳長

が判明していないためごくおおまかな推定値とせざるをえないものが多く、また、発掘調査によっても判明することが少ない外堤の幅をどう見積もるかという問題がある。さらには畿内の巨大古墳に実施された幕末の修陵や池（濠）の拡張など後世の改変をどのように把握して本来の周濠を復元するかという、むずかしい作業も必要となってくる。個別の古墳の検討を行って数値を確定するにはかなりの時間を要するため、ここでは『前方後円墳集成』に示された数値をおもに用い、それに明らかな誤認がある場合や、新たな数値が得られているものについて差し替えを行った。前方部側の外濠が平城宮の造成によって削平されている市庭古墳のように概略の復元値を用いたもの、畦畔線からとりあえず総長を推定した浅間山古墳などもある。

なお、資料からは箸墓古墳、渋谷向山古墳など前期（一〜三期）古墳、見瀬丸山古墳など後期後半（一〇期）の資料を除いているため、図はすべての古墳の比較ではない。

2　墳丘規模と総長

この図からは墳長と総長に関していくつかの特徴を読み取ることができる。

最大の特徴は墳丘規模＝墳長と、総長がかならずしも比例しないことである。

津堂城山古墳は墳長二〇六メートルに対して総長は四三六メートルと、総長が墳長の倍以上となり、田出井山古墳もそれに近い。そうした例があるため、総長でそろえた場合、下方に示した墳長は凹凸がいちじるしい。

墳長で示される墳丘規模は首長間の政治的序列・力関係を表示すると通常理解される。この考えにたてば、総長に示される古墳全体の面積は墳丘規模とおおむね重なりながらも細部では異なる指数であって、墳長とは若干異なる政治的序列を示していると考えることができる。

以下、巨大古墳の総長について特徴の整理を行う。

（一）二重周濠の卓越

上位の大部分が二重周濠をもつ古墳である。一重の周濠からなるのは仲津山、河内大塚山、造山、岡ミサンザイ、室宮山、巣山、コナベ、墓山、軽里大塚、築山、作山、島ノ山、西陵、西山、新木山古墳であり他は二重周濠であるから、これが巨大な総長のもととなっていることがよくわかる。

（二）総長の階層

大仙・誉田御廟山・石津丘の三大巨墳が抜群の大きさを示す。墳長においては石津丘古墳と造山古墳の差は僅少であるが、総長では極端な差をもつ。これらにつづく位置にあるのが土師ニサンザイ古墳である。先の三基とは差があるが、下位とも差がありこれを含めてトップグループとすべきと考える。

これにつづく第二のグループが四四〇～三六〇㍍の一群、ウワナベ古墳から今城塚古墳までの一〇基である。ただし室宮山古墳、今城塚古墳の二基は下位グループの規模に近く、中間的な存在といえる。これらの過半数は上記の四大古墳の前後の時期の大王墳であり、残りは四大古墳と同時期の最有力墳である。この第一と第二のグループまでが大王墳の規格であり、第一グループの大王墳が築かれる段階では、この規格で大王に次ぐ位置の首長墳が築かれることになる。

三五〇メートル以下に有力首長墳が連なる。グラフはかなりなだらかな下降を示しており大きな境界を見出しがたいが、二七〇メートル付近で上下に大別できる可能性がある。

グラフでは同様な規模の総長がそろい階段状になる部分がいくつかある。大王墳級では四一〇メートルにまとまりがあり、その下に三五〇、三二〇、二七〇メートルなどがある。はじめに示したように多くが推定値であるため厳密な検討は困難であるが、たとえば後述のように三五〇メートル級では両宮山、百舌鳥御廟山、ヒシアゲ、太田茶臼山の四基はほぼ同じ総長になる可能性が強く、こうしたまとまりが誤差によって生じているとも考えにくい。したがって、本来はグラフは細かい階段状をなす、換言すれば総長の規格が段階的に設けられていたと推定するが、これについては、それぞれの古墳の数値の確定を待たざるをえない。

（三）吉備の古墳の特色

ここに示した資料の大半は畿内、百舌鳥・古市・佐紀・馬見古墳群中の古墳であって、それ以外は太田天神山と浅間山の二基が関東の上野、そして造山・作山・両宮山という吉備の三基である。関東の二基および両宮山古墳はグラフのなかで違和感がないのに対し、造山・作山の二基は異彩をはなつ存在である。作山古墳には周濠がなく、また、造山古墳の場合は濠幅の数値がきわめて小さく、実際その形状も周濠というよりも周庭に近いものであったと考えている。これは吉備では周濠の受容がきわめて遅れることに起因するわけであるが、そのことは吉備の中期古墳の大きな特色であり、両宮山古墳の段階でそれが完全に払拭されたといえる。

3　両宮山古墳の兄弟墳

さて、両宮山古墳であるが第三グループの最上位に属し、大王墳に準じる位置にある。第三グループの最上位、総長三五〇メートル級には、両宮山古墳以外に百舌鳥古墳群の百舌鳥御廟山古墳、摂津北部三島野古墳群の太田茶臼山古墳、佐紀古墳群のヒシアゲ古墳、馬見古墳群の河合大塚山古墳の四基が含まれる。これらと両宮山古墳の関係を整理してみる。

築造年代　まず時期であるが、百舌鳥御廟山古墳は中期後半に編年されていたが、最近の埴輪研究により中期中葉とされている。太田茶臼山古墳、河合大塚山古墳が中期後半の古い段階、ヒシアゲ古墳が中期後半の新しい段階、両宮山古墳はヒシアゲ古墳に近い時期と考えており、百舌鳥御廟山古墳以外の四基は近接した時期に築造されたといえる。

墳　形　中期の巨大古墳は大王墳と形を同じくし規模を縮小したもの、つまり相似形の墳形をとることが明らかになっており、中期中葉から中期後半には古市古墳群の誉田御廟山古墳と百舌鳥古墳群の大仙古墳が基本的なモデルになる。両宮山古墳を含めた五基の墳形であるが、両宮山古墳は後円部径と前方部長さの対比から大仙型に区分され、大仙古墳のほぼ五分の二の大きさに設計されているとみられる。百舌鳥御廟山古墳と河合大塚山古墳の二基は同じ大仙型に区分され、太田茶臼山古墳とヒシアゲ古墳は誉田御廟山型である。

墳丘規模　いずれも墳端が水没あるいは埋没しているため正確な墳丘規模の比較はむずかしいが、把握されている数値を以下に示す。

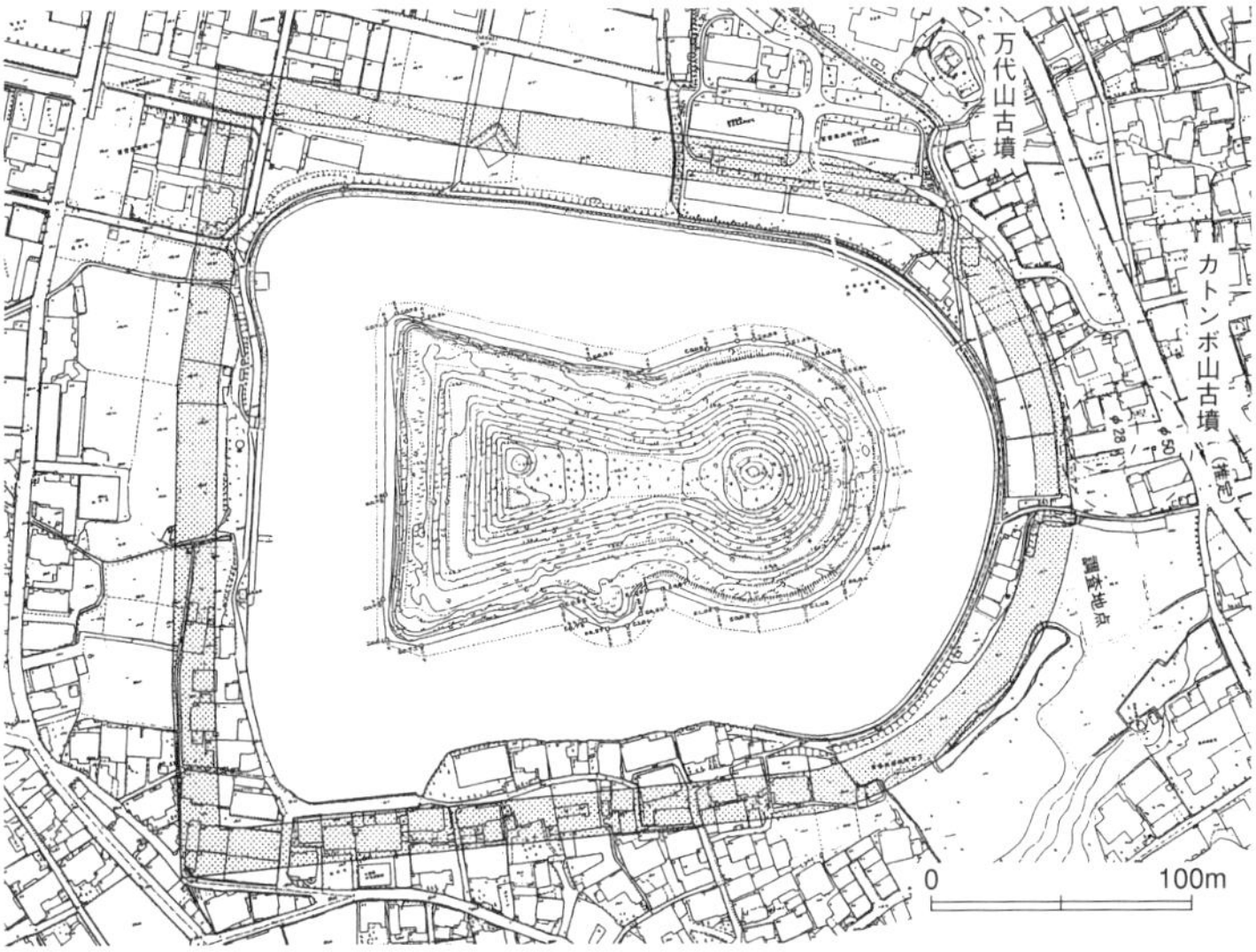

図54　百舌鳥御廟山古墳

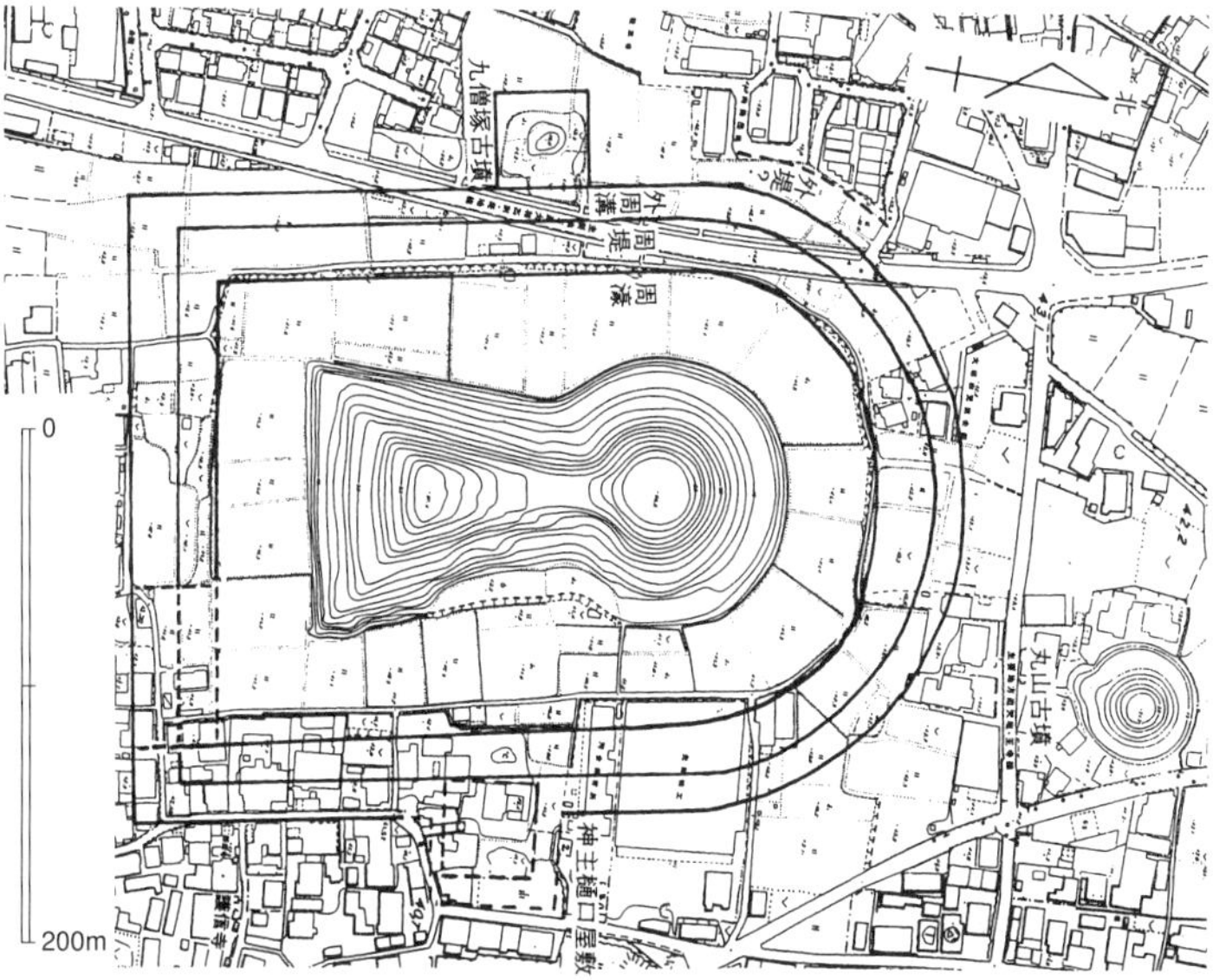

図55　河合大塚山古墳

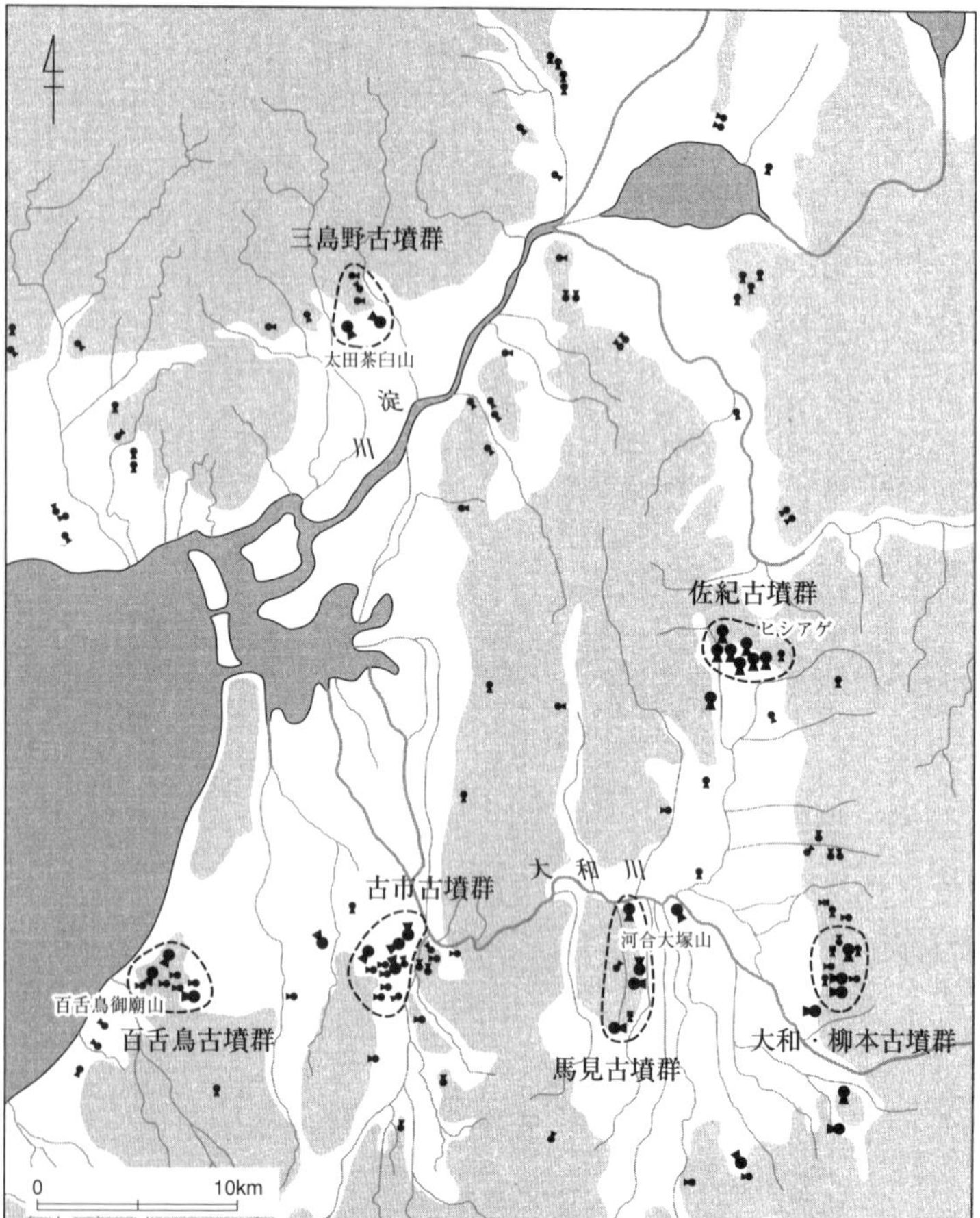

図56　畿内の主要古墳群の分布

太田茶臼山古墳は墳長が二二六メートル、総長の推定値三五〇メートル、ヒシアゲ古墳は墳長二一五メートル、総長三五二メートル、河合大塚山古墳は墳長一九二メートル、総長の推定値三三九メートルである。両宮山古墳は墳長二〇六メートル（濠水面上の墳長は一九四メートル）、総長三四九メートルである。百舌鳥御廟山古墳の墳丘規模は通常一八六メートルが用いられるが、これは濠水面上の規模である。いま宮内庁の陵墓図をみると

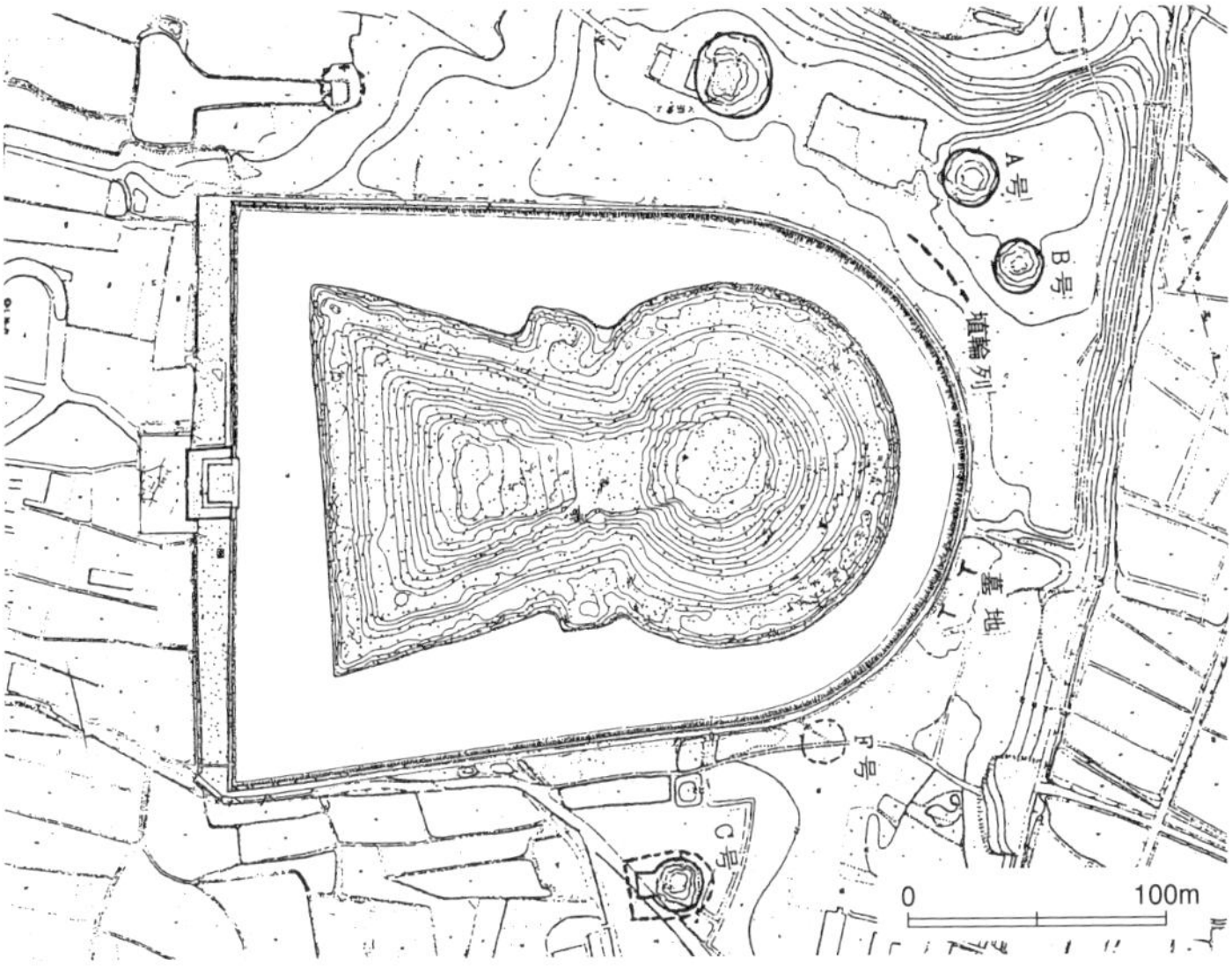

図57　太田茶臼山古墳

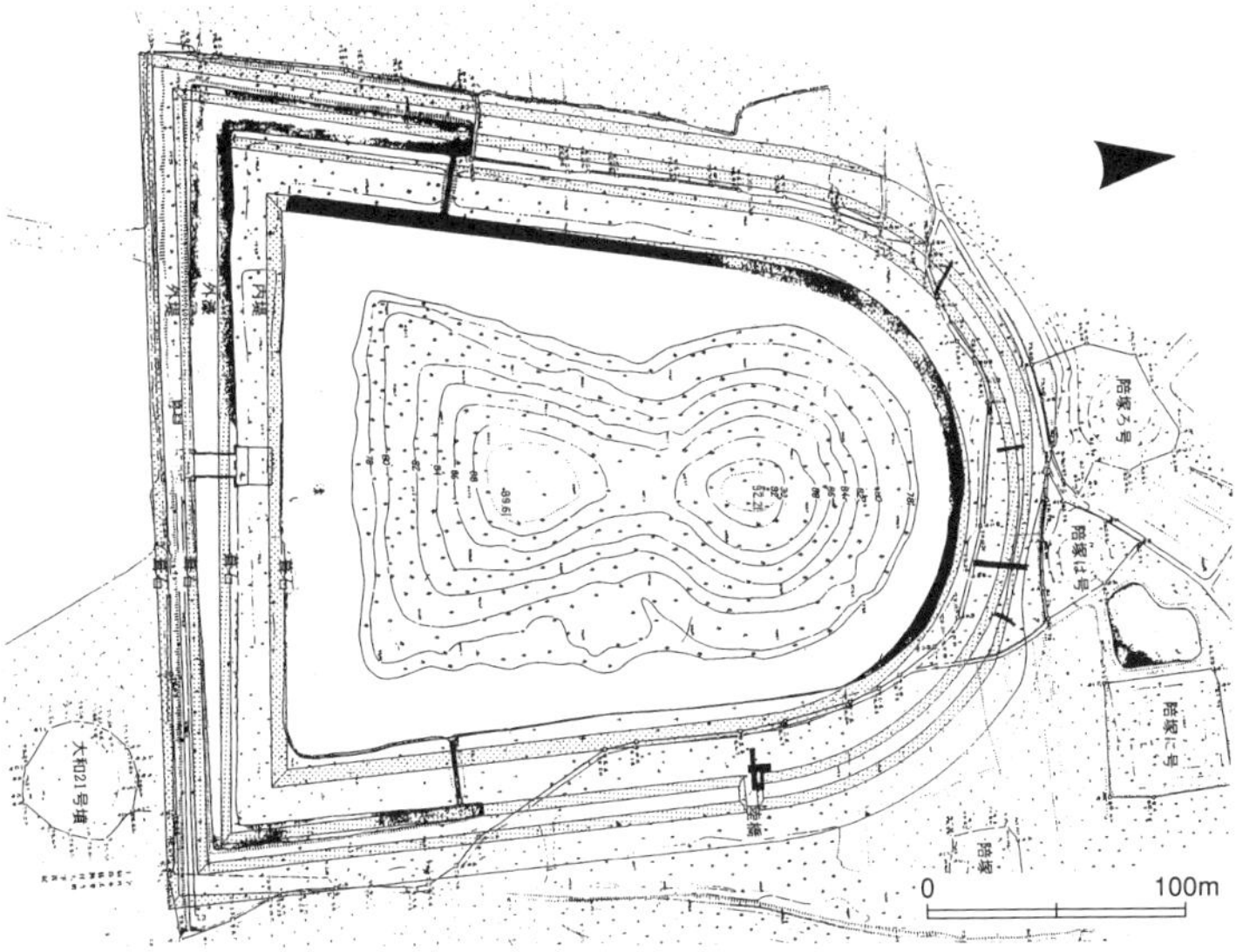

図58　ヒシアゲ古墳

墳丘をとりまくように破線の表示がある（図54）。これは内濠部分の傾斜変換ラインを表示したものではないかと推定され、それがおおよその墳丘規模を示すとするなら墳長二〇一メートル、総長は三五三メートルである。

墳丘の数値を見くらべれば太田茶臼山古墳とヒシアゲ古墳の二基が他よりも大きく、両宮山古墳、百舌鳥御廟山古墳、河合大塚山古墳の三基がほぼ等しい大きさとなり、墳丘規模では前二者が上位であったことになる。

外濠の形状

墳形の対比検討が進められる一方、外濠の形状に関して細かく検討されることは少ない。これは先にも述べたように外濠に関する情報が十分に得られていないためであり、対比はかなりむずかしいが、あえて試みれば以下のように整理できる。

河合大塚山古墳の外濠は前方部側の角が直角に近く、前方部前面幅と後円部中央幅がほぼ等しいのに対し、他の四基は前方部側が広くなるため前方部側角がやや鋭角をなす。この外濠形状の相違は大仙古墳と誉田御廟山古墳との間でも見られ、前方後円墳全体では後者が優勢である。この相違が墳丘の型式と関連するのではないことは、大仙型築造規格どうしの間で生じていることから明らかである。外濠の形状がどのような原則にもとづいて決められ、どのように地方波及しているのか研究を進める必要があるが、ここでは今後の課題とせざるをえない。河合大塚山古墳の外濠にかぎれば、大仙古墳の外濠形状を導入したとみることも可能であるが、河合大塚山古墳に先行する巨大古墳、築山古墳や新木山古墳の周濠も前方部側が開かないものであり、馬見古墳群の伝統的な周濠形状を採用したとみたほうがよいだろう。

河合大塚山古墳を除くと、検討の対象となるのが百舌鳥御廟山古墳となる。

百舌鳥御廟山古墳

	百舌鳥御廟山古墳	両宮山古墳
（総長）外濠長さ	三五三	三四九メートル
外濠後円部中央幅	二五四	二六七メートル
外濠前方部前面幅	三〇二	三一八メートル
墳丘長	二〇一	二〇六メートル
後円部径	一一三	一一六メートル
前方部長さ	一一〇	一一〇メートル
前方部幅	一三八	一四五メートル

百舌鳥御廟山古墳の数値の多くは推定値であることを考慮すれば、よく似た数値をとるということができ、墳丘・外濠ともに等しい可能性が強い。つまり、両宮山古墳は百舌鳥御廟山古墳の設計を導入して築かれた可能性が考えられる。

ただし、両宮山古墳後円部上段・中段の高さ一八・六メートル、前方部上段・中段の高さ一八・七メートルに対して、百舌鳥御廟山古墳の高さはそれぞれ一二メートル、一一メートルと異なり、高さに関する設計は大幅に変更されているとみてよい。なお、百舌鳥御廟山古墳の造り出しは一つで低い。

また、ヒシアゲ古墳の外濠規模は両宮山古墳や百舌鳥御廟山古墳のそれよりも若干小さいが、外濠をとりまく外堤を含めた総長は三五二メートル、前方部前面の幅三二〇メートルで、平面形状もほぼ一致している。外域の範囲を同じくし、外濠や中堤の幅などについては異なる設計を行ったと考えることができる。

外域の規格と、それを構成する要素である中堤や外濠の規模や形状についても、先の外濠形状の問題とともに、今後比較検討を進めていく必要がある。

4　両宮山古墳の位置づけ

広瀬和雄は、古墳時代中期の大和政権は、この時期に巨大古墳を継続して築造する四大古墳群、大阪府の古市古墳群と百舌鳥古墳群、奈良県の佐紀古墳群と馬見古墳群を形成した四系譜の有力首長によって共同統治されており、古市、百舌鳥両古墳群の造営主体となった二つの有力首長が代々大王を出していたとの考えを示している。この政治構造は中期後半をもって終了し、中期後葉には古市古墳群の岡ミサンザイ古墳のみが大王墳として単独に存在する状態となる。

ヒシアゲ古墳は佐紀古墳群最後の巨大古墳である。また、それまで二〇〇《メートル》を超える墳長の前方後円墳を継続的に築造していた馬見古墳群では河合大塚山古墳につづく中期後葉の狐井城山古墳は墳長一五〇《メートル》と縮小に向かう。つまり、政権を複数の有力首長がになう中期の体制の最後の段階においては、大王以外の有力首長墳に三五〇《メートル》級の総長が等しく採用されたとみることができる。

この評価を妥当とするなら、吉備の首長が政権中枢の首長と同等の格付けを得たとしてよいだろう。上記の四大古墳群のうち馬見古墳群は、記紀に登場する有力豪族葛城氏によって築造された可能性が説かれている。両宮山古墳の被葬者は中央政権を支えたそうした有力氏族と等しい地位にあったとみることができる。

Ⅶ　二重周濠の地方波及とその意義

両宮山古墳、和田茶臼山古墳の二基は、二重の周濠をともなう。両宮山古墳群においてはこの二基のほかに正免東古墳も二重周濠をもつ可能性があり、つごう三基の二重周濠古墳を中核として形成されていることになるようである。二重周濠が両宮山古墳群の大きな特徴となるが、それは通常の周濠とどのような差異をもち、それはどのような意義をもつといえるのだろうか。

二重周濠を含む周濠については、白石太一郎、一瀬和夫らによって検討がなされている。それぞれの論では、畿内の巨大古墳の周濠や周堤など墳丘外周の諸要素について形態変化を整理し変遷の諸段階が設定され、その評価が詳細に示されている。

なお、白石は「周濠」は水をたたえることを目的としたものに限定すべきであるとしているが、そもそも古墳の濠は水をたたえたものであったかどうかも、これまでさまざまに議論されてきた。このことは濠の機能にかかわる重要な問題であるが、両宮山古墳の外濠一つとってみても部分により状態は異なっており、いちがいに水濠、空壕を決することはきわめてむずかしい。

二重周濠の評価にかぎった場合、政権中枢であり古墳の諸要素の変化を主導することになる大王墳における変遷過程の把握が基本となることはいうまでもないが、地方における展開状況の把握も重要な課題となる。それからは二重周濠の意味を考える手がかりを得ることができ、さらに、中央と地方の関係を考察することも可能である。

ここでは分布の時期的な変化を中心に二重周濠の概観と評価を試み、それを通じて両宮山古墳群がもつ意味を考えてみる。

古墳の年代は基本的に『前方後円墳集成』によったが、一部はそれ以降の研究（『九州における古墳時代首長墓の動向』、『埴輪論叢』四・五など）に依拠している。

1　外濠の機能

二重周濠を形成するのは外濠であるが、その機能として以下の二つを想定することができよう。

一つは、墓域の広大化を図る、広大な外域の設定を目的とするものであるとの理解である。これについては、広大な外周施設の建設によって墳丘を含めた墓域をより荘厳なものにし、また、埴輪列と周濠によって形成される埋葬施設と外域との隔絶線をさらに多重化する、という二つの企図を想定することができる。

また、もう一つの可能性は、墳丘周辺からの流水や地下水を排除するという、墳丘築造工事に際しての実際的な機能である。湧水の多い丘陵側を深く掘削する両宮山古墳の外濠の様相を見るかぎり、後者の機能もある程度考慮すべきとも思われる。しかしながら、二重周濠古墳全般を概観した場合、大阪府白髪山古墳のように地形が高くなる部分で外濠を掘削していない例、また逆に、最も外側のものは外周溝とよばれることが多いが、大仙古墳のように三重の周濠をもつ例があり、排水あるいは地下水脈の切断などの実際的な機能をおもに想定するのは適当ではないと考えられる。ほかに、採土範囲の拡大という可能性も想定できるが、これは周濠幅の拡大でもよかったはずである。

このことから、外濠の主要な機能の一つは墓域の広大化と荘厳化にあると考える。

外堤の有無によって総面積は大きく変わってくるが、両宮山古墳では外濠によって一・三倍、和田茶臼山古墳では一・二倍の面積増加となる。両墳では外堤は設けられなかったと考えているが、それがある場合にはさらに面積が増大することはいうまでもない。この面積増大は小墳の場合さらに顕著であり、奈良県三河三号墳を例にとれば墓域は周濠一重の場合の約二・一倍の広さとなっている。なお、この古墳の場合、外濠の外縁は別の古墳の周濠縁に近接しており、外堤はなかったとみられる。

また、もう一つ、隔絶線の多重化が大きな比重をもつと考える。これは両宮山古墳の断面形に端的に現れる。濠の最深部―下段底面は中堤寄りに設けられるため、外側よりも内側のほうがはるかに急な斜面をなし、垂直に近い部分すらある。後端側を除き各トレンチでは外側は歩いて上がることが可能であるが、内側の斜面はトレンチ側壁があるため上がり下りは可能であったものの、それがなかったとするなら両手を用いても中堤上に上がることは困難である。この急斜面は実用的な企図によるものではなく、あらゆるものの進入を拒絶することを示す観念的なものであったと考えられる。

2　資料の特徴

表1は中期～後期の二重周濠をもつ古墳を集成したものである。前方後円墳以外に帆立貝形古墳を含めたが、円墳については主要なものに限り、関東の資料については割愛した。外側の溝が「外堤（周堤）を画する溝」であるのか外濠であるのか、区分がむずかしいものもある。この「外堤（周堤）を画する溝」は平面形や断面形の特徴から外濠とは区分されているものの、外周に隔絶線を設けるという機能においては外濠と等しいので含めて扱うべきと考えるが、議論が複雑になるためここでは除外した。

資料からは、古墳の他の構成要素とは異なるいくつかの特徴を指摘できる。

第一は類例がきわめて少ないこと、希少性である。

二重周濠をもつ古墳の数は少なく、管見の範囲では表1に示した約一〇〇基にすぎない。

周濠をもつ古墳が一般的な畿内においてもその数は多くはなく、吉備を含めた畿外においては周濠・周堤をともなう古墳そのものが少ないが、二重周濠をもつ古墳はさらに僅少である。

巨大古墳といえども外濠が埋没せずに残存している例はまれであり、多くが確認調査によって検出されていることや、過去に削平されて新たに確認された古墳にともなうことが判明した例も少なくないことなどからすれば、今後新たに検出され数を増すことは確実であるし、資料検索の遺漏も少なくないと思われる。しかしながら資料の追加や補遺によってこの数が変化するとしても、全国

永山古墳
茶山古墳
大安寺山古墳
丸保山古墳
源右衛門山古墳
菰山古墳
塚廻古墳
樋の谷古墳
鏡塚古墳
百舌鳥夕雲町
1号墳
銅亀山古墳
狐山古墳
竜佐山古墳
孫太夫山古墳
収塚古墳
0
400m

図59　大仙古墳

表1　二重周濠古墳一覧表

	古墳名	所在地	時期	墳形	墳丘規模	総長	備考
1	月岡古墳	福岡県浮羽郡吉井町若宮	7	前方後円	95		一部で3重
2	塚堂古墳	福岡県浮羽郡吉井町宮田字四太郎他	8	前方後円	91	140	
3	天仲寺古墳	福岡県築上郡吉富町広津字和井田	10	円	23	36	
4	御塚古墳	福岡県久留米市大善寺町宮本字一本松	8	帆立貝形	78	121	3重濠
5	大善寺銚子塚古墳	福岡県久留米市大善寺町宮本字北島	8～9	前方後円			
6	権現塚古墳	福岡県久留米市大善寺町宮本字彼岸田	9	円	50	152	
7	仙道古墳	福岡県朝倉郡三輪町久光字仙道他	10	円	29	46	
8	東光寺剣塚古墳	福岡県福岡市博多区竹下3丁目1-1	9	前方後円	75	126	3重濠
9	今宿大塚古墳	福岡県福岡市西区今宿字大塚	9	前方後円	64	100	
10	彦徳甲塚古墳	福岡県京都郡豊津町彦徳	10	円	29	55	
11	天満2号墳	大分県日田市小迫字天神山1854他	9	前方後円	60		
12	木柑子古墳	熊本県菊池市木柑子西原	9	前方後円	60～70	100	
13	花見塚古墳	熊本県下益郡城南町塚原	8	前方後円	46	62	
14	男狭穂塚古墳	宮崎県西都市三宅字丸山	6	帆立貝形	155	247	
15	女狭穂塚古墳	宮崎県西都市三宅字丸山	5	前方後円	176		
16	樹之本古墳	愛媛県越智郡朝倉村丈六寺甲970	7	帆立貝形	40		
17	青塚古墳	香川県観音寺市原町	7～8	帆立貝形	43		
18	盛土山古墳	香川県仲多度郡多度津町奥白方	7	円	42	75	
19	青龍古墳	香川県善通寺市吉原町1705	7	円	42		
20	尼塚古墳	徳島県鳴門市大津町大代	6	円	37		
21	十六夜山古墳	岡山県津山市椿高下62	8	前方後円	60	92	
22	築山古墳	岡山県邑久郡長船町西須恵	8	前方後円	81	114	
23	両宮山古墳	岡山県赤磐郡山陽町穂崎・和田	7	前方後円	206	349	
24	和田茶臼山古墳	岡山県赤磐郡山陽町和田	7	帆立貝形	55	99	
25	正免東古墳	岡山県赤磐郡山陽町穂崎	7～8	円～帆立	23		
26	御願塚古墳	兵庫県伊丹市御願塚4丁目325	7	帆立貝形	52	85	
27	野々池7号墳	兵庫県三木市	9	前方後円	21	35	
28	宇治二子塚古墳	京都府宇治市五ヶ庄大林	8	前方後円	112	218	
29	久津川車塚古墳	京都府城陽市平川車塚	6	前方後円	180	272	
30	千歳車塚古墳	京都府亀岡市千歳町車塚	8	前方後円	81	136	
31	今城塚古墳	大阪府高槻市郡家新町686他	9	前方後円	190	358	
32	太田茶臼山古墳	大阪府茨木市太田3丁目	7	前方後円	226	350	
33	津堂城山古墳	大阪府藤井寺市津堂	4	前方後円	208	436	
34	市野山古墳	大阪府藤井寺市国府1丁目	7	前方後円	230	385	
35	誉田御廟山古墳	大阪府羽曳野市誉田6丁目	6	前方後円	425	700	
36	峯ヶ塚古墳	大阪府羽曳野市軽里2丁目	8	前方後円	96	168	
37	白髪山古墳	大阪府羽曳野市西浦6丁目	9	前方後円	115	192	
38	土師ニサンザイ古墳	大阪府堺市百舌鳥西之町3-420	7	前方後円	290	480	
39	田出井山古墳	大阪府堺市北三国ヶ丘2丁	7	前方後円	148	270	
40	大仙古墳	大阪府堺市大仙町	7	前方後円	486	800	3重濠
41	百舌鳥御廟山古墳	大阪府堺市百舌鳥本町1丁	6	前方後円	201	353	
42	石津丘古墳	大阪府堺市石津丘	5	前方後円	360	620	
43	淡輪ニサンザイ古墳	大阪府泉南郡岬町淡輪	7	前方後円	180	305	
44	ウワナベ古墳	奈良県奈良市法華寺町宇和那辺	6	前方後円	270	442	
45	ヒシアゲ古墳	奈良県奈良市佐紀町ヒシアゲ	7	前方後円	215	352	
46	市庭古墳	奈良県奈良市佐紀町ニジ山	5	前方後円	250	410	
47	星塚2号墳	奈良県天理市二階堂上ノ庄町	9	帆立貝形	41	87	
48	西乗鞍古墳	奈良県天理市杣之内町乗鞍	9	前方後円	118		
49	三河3号墳	奈良県磯城郡三宅町三河	9	円	20	52	
50	笸鉾山1号墳	奈良県磯城郡田原本町八尾	9	前方後円	50		
51	水晶塚古墳	奈良県大和郡山市八条町	9	帆立貝形	50	95	
52	四条1号墳	奈良県橿原市四条町九ノ坪	8	方	38	64	
53	河合大塚山古墳	奈良県北葛城郡河合町西穴闇	7	前方後円	192	339	

54	林ノ腰古墳	滋賀県野洲町小篠原	8	前方後円	90	155~160	
55	琴塚古墳	岐阜県岐阜市琴塚４丁目	6	前方後円	115		
56	不動塚古墳	岐阜県揖斐郡大野町野字	7	前方後円	58		
57	小幡長塚古墳	愛知県名古屋市守山区小幡字小林2984	9	前方後円	81		
58	西塚古墳	愛知県名古屋市中区新栄２丁目	9	前方後円	66	125	
59	味美二子山古墳	愛知県春日井市二子町２丁目	9	前方後円	95		
60	溝口の塚古墳	長野県飯田市上郷	7	前方後円	50		
61	塚原二子塚古墳	長野県飯田市竜丘	8	前方後円	67		
62	上溝天神山古墳	長野県飯田市松尾	9	前方後円	60		
63	久保田１号墳	長野県飯田市川路	9	前方後円	67		
64	畷魔王塚古墳	長野県飯田市川路	10	円	27		
65	琵琶塚古墳	栃木県小山市飯塚655	9	前方後円	123		東側のみ外濠
66	摩利支天塚古墳	栃木県小山市飯塚362	8	前方後円	121	197	
67	天神二子古墳	群馬県館林市高根字寺内乙108-2・3	9	前方後円	58	70	
68	太田天神山古墳	群馬県太田市内ヶ島字天神1575他	5	前方後円	210	320	
69	鶴山古墳	群馬県太田市烏山字八幡	7	前方後円	95		
70	古海松塚１号墳	群馬県邑楽郡大泉町古海字原前	8	帆立貝形	47	67	
71	中二子古墳	群馬県前橋市西大室町1501ほか	9	前方後円	108	200	
72	正円寺古墳	群馬県前橋市堀之下町380-1	9	前方後円	73	104	
73	梨ノ木山古墳	群馬県佐波郡玉村町下茂木1027		前方後円	82		
74	広瀬鶴巻塚古墳	群馬県前橋市朝倉町3-39-6	8	前方後円	86	155	
75	綿貫観音山古墳	群馬県高崎市綿貫町観音山1572	10	前方後円	97		
76	浅間山古墳	群馬県高崎市倉賀野町東上正六197ほか	4	前方後円	172	310	
77	七輿山古墳	群馬県藤岡市上落合字七輿甲831ほか	8	前方後円	146		一部で３重か
78	保渡田八幡塚古墳	群馬県群馬町保戸田字八幡塚1956	8	前方後円	102	176	
79	保戸田薬師塚古墳	群馬県群馬町保戸田字薬師塚1873	8	前方後円	105	164	
80	井出二子山古墳	群馬県群馬町井出字二子山1403-1ほか	8	前方後円	108	234	
81	上並榎稲荷山古墳	群馬県高崎市上並榎町八反田186ほか	8	前方後円	122	172	
82	真名板高山古墳	埼玉県行田市真名板字堂裏	10	前方後円	104		
83	小沼耕地１号墳	埼玉県北埼玉郡騎西町上種足字四番		帆立貝形	40	69	
84	女塚１号墳	埼玉県熊谷市今井字女塚	8	帆立貝形	46	62	
85	稲荷山古墳	埼玉県行田市埼玉	8	前方後円	120		周濠長方形
86	将軍山古墳	埼玉県行田市埼玉	10	前方後円	90	182	周濠長方形
87	二子山古墳	埼玉県行田市埼玉	9	前方後円	138		周濠長方形
88	愛宕山古墳	埼玉県行田市埼玉	9	前方後円	53		周濠長方形
89	瓦塚古墳	埼玉県行田市埼玉	9	前方後円	75	113	周濠長方形
90	鉄砲山古墳	埼玉県行田市埼玉	10	前方後円	109		周濠長方形
91	中の山古墳	埼玉県行田市埼玉	10	前方後円	79		
92	殿塚古墳	千葉県山武郡横芝町中台字外記		前方後円	88	115	周濠長方形
93	根崎１２号墳	千葉県山武郡山武町戸田字久保谷	10	前方後円	96		
94	朝日ノ岡古墳	千葉県山武郡松尾町蕪木、朝日ノ岡	10	前方後円	70		
95	大堤権現塚古墳	千葉県山武郡松尾町大堤字宮前	10	前方後円	115	170	３重濠
96	西ノ台古墳	千葉県山武郡成東町板附字西ノ台	10	前方後円	90		
97	南羽鳥高野１号墳	千葉県成田市南羽鳥字高野		前方後円	40	70	
98	栗野049号墳	千葉県佐倉市宮本字栗野477ほか		帆立貝形	17	21	
99	油井古塚原19号墳	千葉県東金市油井字古塚原		前方後円	45		
100	土気舟塚古墳	千葉県千葉市土気町舟塚		前方後円	44	53	
101	人形塚古墳	千葉県千葉市椎名崎町	10	前方後円	41	63	周濠長方形
102	江古田金環塚古墳	千葉県市原市江古田字送り神119-1	9	前方後円	47	63	
103	三条塚古墳	千葉県富津市下飯野字三条塚989ほか	10	前方後円	122	193	
104	九条塚古墳	千葉県富津市下飯野字九条塚767ほか	9	前方後円	105	164	
105	稲荷山古墳	千葉県富津市青木字稲荷山1145ほか	10	前方後円	106	201	
106	金鈴塚古墳	千葉県木更津市長須賀熊野廻	10	前方後円	95		

時期は『前方後円墳集成』の10期区分による。一部は1995『九州における古墳時代首長墓の動向』九州考古学会・宮崎考古学会合同学会実行委員会、2003『埴輪論叢』４号・５号埴輪検討会などにもとづいて変更している。

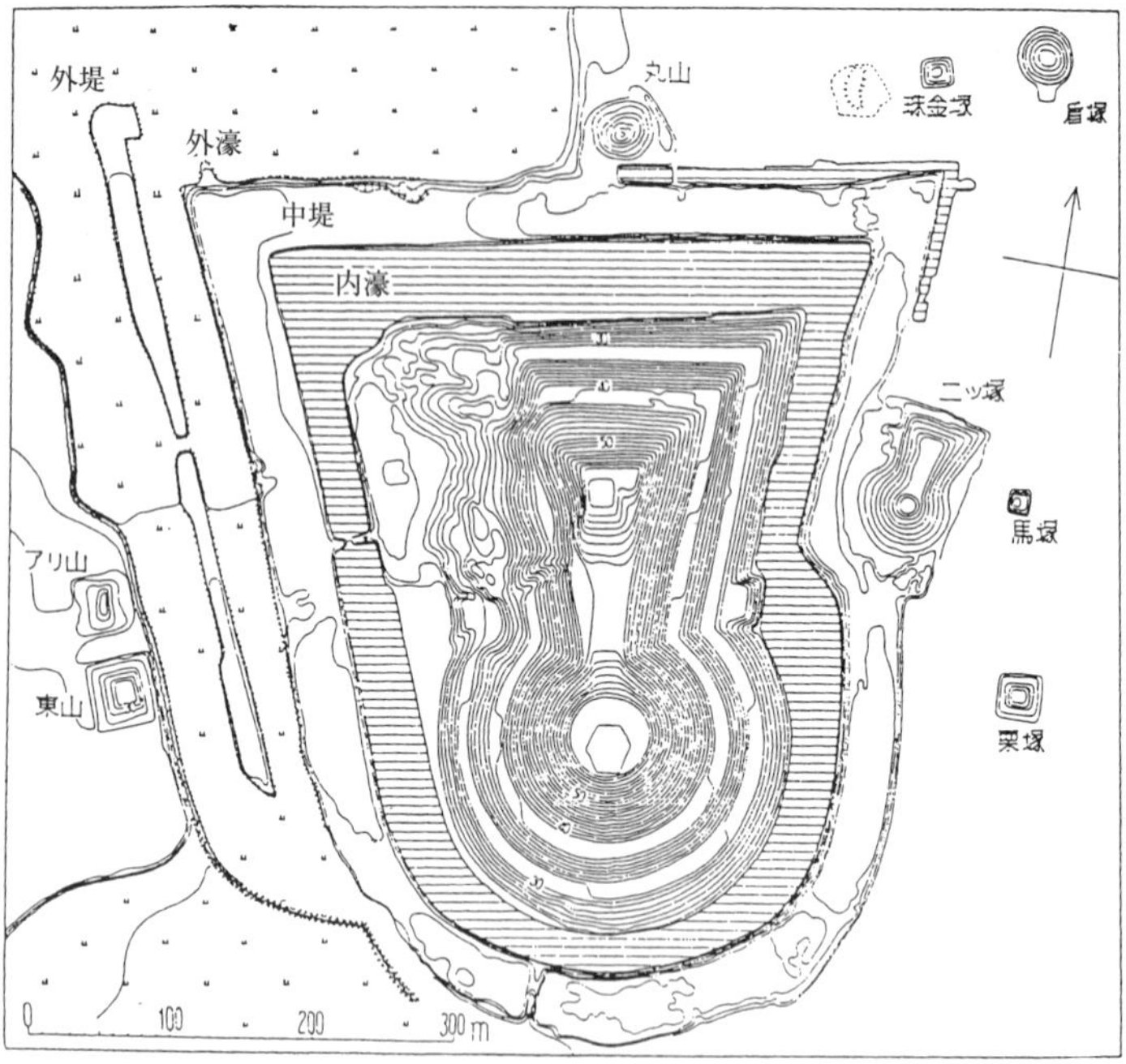

図60　誉田御廟山古墳

の前方後円墳総数五二〇〇〇基、さらにそれに中小の円墳を加えた数と対比するなら、その希少性は動かしがたい。

第二の特徴は、巨大古墳、とりわけ大王墳の多くに採用されることである。いずれからを大形古墳とするかはむずかしいが、一〇〇メートル以上を大形とするならそれは資料の四割を占め、そのなかには大仙古墳や誉田御廟山古墳といった最大の巨墳が含まれる。

巨大古墳の最上位にあり大王墳と目される各期最大の古墳における採用状況を見るならば、津堂城山古墳（中期前葉）→仲津山古墳（中期前半）→石津丘古墳（〃）→誉田山古墳（中期中葉）→大仙古墳（中期後半）→ニサンザイ古墳（〃）→岡ミサンザイ古墳（中期後葉）→今城塚古墳（後期前半）の八基のうち、仲津山古墳と岡ミサンザイ古墳の二基を除いて二重周濠をともなうことが知られている。

現在知られる二重周濠の最古例は津堂城山古墳であり、以後、主要な大王墳に継続して採用されることからすれば、二重周濠は巨大な墳丘とともに大王墳の卓越と隔絶を表すものとして創出され、発展したと考えられる。そして、地方における二重周濠は、直接・間接は別として畿内中枢から伝播・波及した要素と理解することができる。

3　地方への波及の様相

地方への波及がどのようになされていったか、また、畿内内部ではどのような採用状況を示すのかを把握するため、時期的な変遷を概観する。

中期前葉から前半　畿内では中期前葉に津堂城山古墳が築造され、二重周濠の出現を見る。つづく中期前半には石津丘古墳が築かれ二重周濠が設けられる。この時期、大王墳を除けば畿内においてそれを採用する古墳はない。

地方においては、この時期、数基の古墳に二重周濠が採用される。関東では群馬県浅間山古墳（中期前葉）、同太田天神山古墳（中期前半）があり、九州では宮崎県女狭穂塚古墳（中期前半）が知られる。これらのうち、浅間山古墳は中堤が狭く、外濠が内濠よりも広いなど、津堂城山古墳に見られる整った築造企画とは異なる点が多く、早い段階の地方波及においては詳細な設計が伝わっていない可能性がある。

この段階の二重周濠は畿内においても少数であり、地方においてはごく一部の巨大古墳にのみ採用される。注目すべきは、この時期、大王墳は大

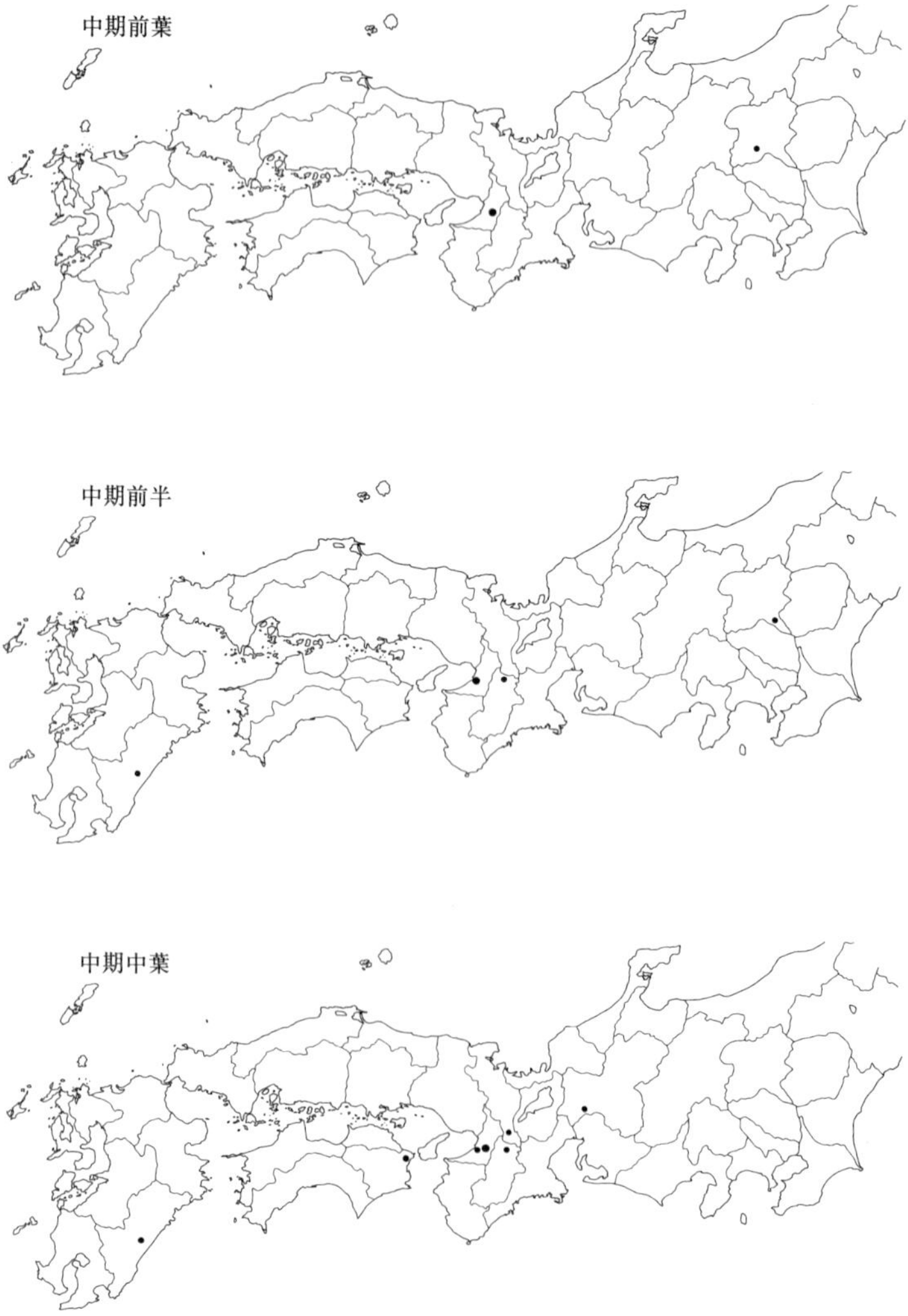

図61 二重周濠の分布（1）

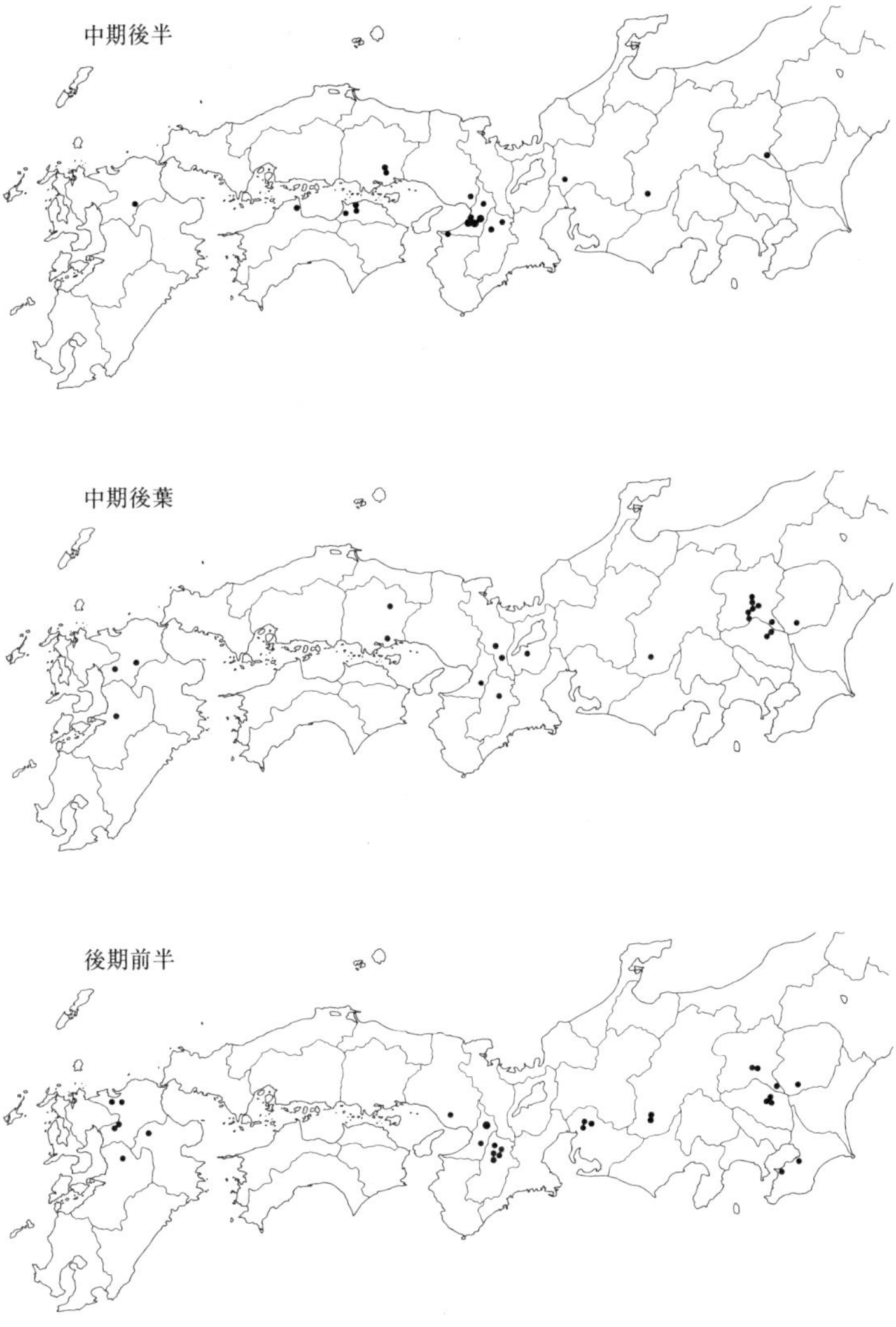

図62　二重周濠の分布（2）

図63　二重周濠の分布（3）

和の佐紀古墳群から河内の古市古墳群に移るが、それまで大王墳の築造がなされてきた大和においては巨大古墳の築造が継続するものの二重周濠の導入がおくれることである。佐紀古墳群のコナベ古墳においてはそれは設けられず、つづく市庭古墳で構築されており、二重周濠の採用がきわめて限定されていたことを示すとみてよい。

中期中葉

大王墳では誉田御廟山古墳が築造される。古市、百舌鳥古墳群においては、群形成の中心となる大王墳のほか、大王墳周辺に築かれた巨大古墳である百舌鳥御廟山古墳にも二重周濠が採用される。また、佐紀古墳群ではウワナベ古墳に採用され、畿内の四大古墳群以外では久津川車塚古墳に採用される。

畿内においては大王墳以外の巨大古墳にも採用は広がるが、なお、ごく一部にかぎられるといえる。

地方ではこの時期の資料は岐阜県琴塚古墳、宮崎県男狭穂塚古墳などでそれまでにくらべてやや多くはなるが、なお少数である。

中期後半

巨大古墳の頂点となる大仙古墳が築造される。二重周濠の外側にも濠が設けられており、三重の周濠がめぐる広大な景観を示す。このほか土師ニサンザイ古墳、市野山古墳など百舌鳥、古市古墳群に設けられる大王墳に前時期につづいて採用される。

佐紀古墳群ではヒシアゲ古墳、馬見古墳群では河合大塚山古墳、畿内四大古墳群以外では淡輪ニサンザイ古墳、太田茶臼山古墳などへ採用されており、巨大古墳の構成要素として普遍化するといえる。

中期中葉までの地方波及は少数で、個別の要因をうかがわせるかのようなあり方であったが、この時期から資料が増加し地方への波及がはじまるとみることができる。讃岐の香川県青塚古墳、美濃では岐阜県不動塚古墳に採用され、信濃、上野にも分布が広がる。北部九州では月岡古墳が築かれ、この古墳が所在する筑後川中流域では以降の首長墳においても二重周濠が継続的に採用されていく。

注意されるのは四〇～五〇メートルの帆立貝形古墳でありながら二重周濠を採用する青塚古墳および摂津の大阪府御願塚古墳、あるいは径四二メートルの円墳である讃岐の盛土山古墳のような例がみられることである。これらはそれぞれの地域において卓越した規模をもつとはいえ傑出した墳丘規模ではなく大首長墳とはみなしがたい。地域によっては大首長を後援しそれを介する形ではなく、中位の首長を畿内の王権が直接掌握し、それらに上位の格付けである二重周濠の構築が許容される場合があったとみられる。

本書に示す両宮山古墳はこの時期の資料であり地方波及の一例ともいえるが、むしろ巨大古墳の基本的属性として採用されるという畿内でのあり方と共通するとみたほうがよいと考える。

中期後葉　畿内中枢の資料は大形墳では峯ヶ塚古墳が知られるのみであり、分布が希薄となる。

この期の大王墳、古市古墳群の岡ミサンザイ古

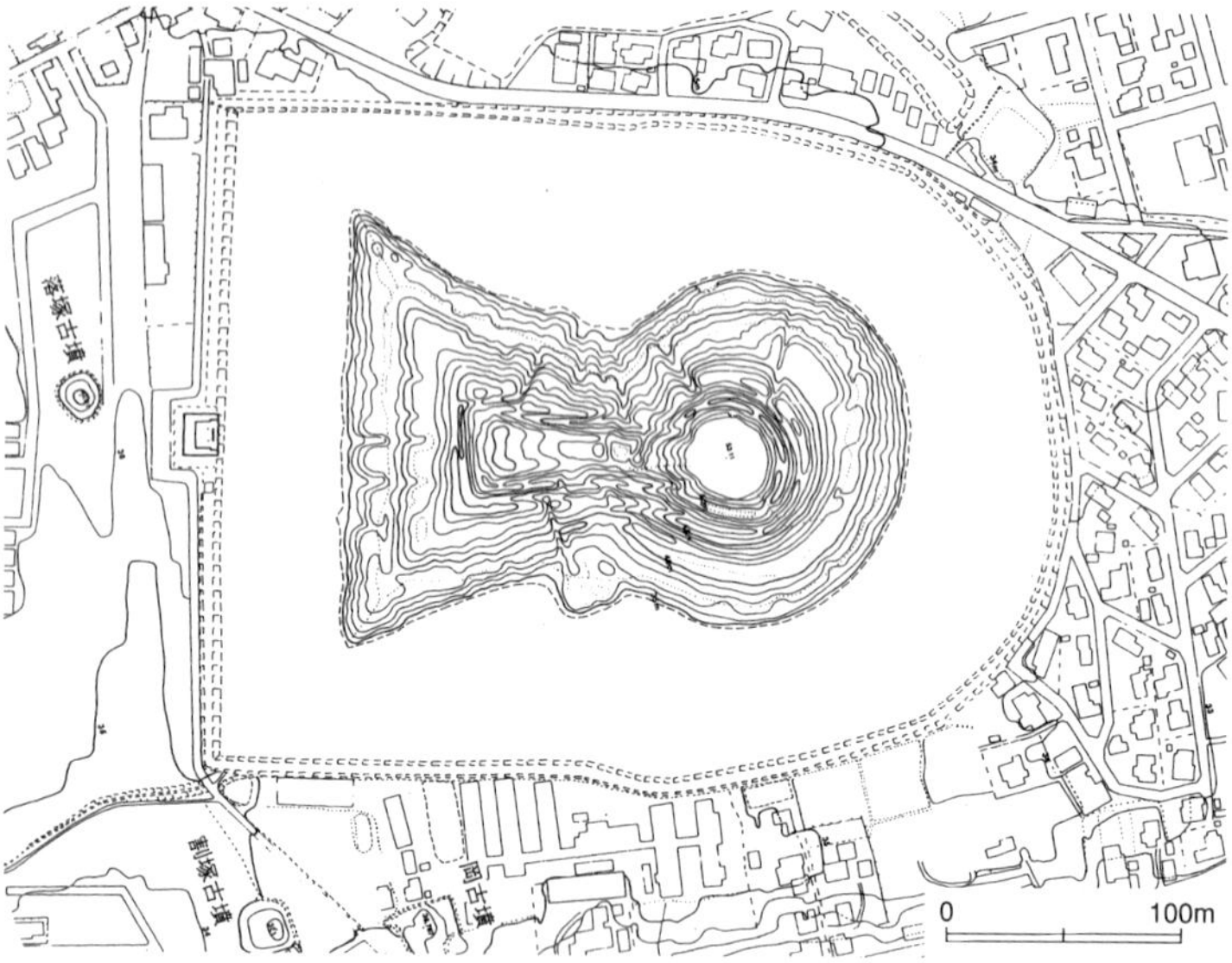

図64　岡ミサンザイ古墳

墳（図64）では二重周濠が採用されていない。この古墳は広大な周濠を特徴としており、墳丘の後円部径一四八メートルに対し、周濠横幅は二六〇メートルに達する。この周濠幅は二重周濠の内濠と中堤を合わせた幅に相当するとみることができ、二重周濠が大王墳に限定して採用される特別なものから巨大古墳全般の要素へ、さらに中小首長墳の要素へと「変質」し、一般化していくことに対し、新たに広大な周濠という新しい形態を創出し差別化を図った可能性を考えることができる。

　この時期の資料のうち大和の四条一号墳は墳丘全長三八メートルの小規模墳であり、小規模墳への採用がこの時期からはじまることが知られるが、そのことは二重周濠が王権の表象という意義を失い、単に上位の墳丘外周施設になったとみてよい。なお、この小規模墳での採用は、大和においては後の後期前半にさらに盛行するが、これは大和にかぎった現象であり地方においてはなお大形の首長墳での採用が中心である。

地方においては分布は広がるが、普遍的な分布の拡大ではなく、いくつかの地域あるいは古墳群にかぎって採用されることが多く、いわば局地的な盛行を示すといえる。関東では埼玉古墳群がその典型的な例であり、埼玉稲荷山古墳に採用され、二子山古墳、鉄砲山古墳など後続する後期の古墳に採用される。また、同じく関東においては保戸田古墳群など上野の主要古墳にも採用される。よく知られているように埼玉古墳群においては中堤・外濠は長方形を呈しており、畿内の二重周濠を規範として継続的に導入されたのではなく、独自の規格が設けられそれが継続して保持されたとみられる。

北部九州、筑後川中流域の首長系譜では月岡古墳に後続する塚堂古墳に採用されるほか、下流域にあたる久留米平野の御塚古墳でも採用がなされる。

吉備においては、備前の築山古墳、美作の十六夜山古墳がこの期の資料であり、一部の首長墳においてこの周濠形態が採用される。

後　期　後期前半は中期後葉に出現した様相が継続する。二重周濠の分布は北部九州、畿内、関東に集中する。畿内では大王墳・今城塚古墳においてふたたび用いられ、また、古市古墳群の白髪山古墳に採用される。一方、小墳への導入例はさらに多くなり、星塚二号墳、三河三号墳など奈良盆地平野郎の削平小墳にともなう例が増加しつつある。関東では埼玉古墳群での採用が継続するほか、上野、下総などの首長墳においても採用される。

つづく後期後半には大王墳での採用が停止し、二重周濠をもつ古墳の築造は関東と北部九州にかぎられ、とりわけ関東では活発な築造がつづく。

4　二重周濠の意義

以上のように、二重周濠はきわめて特色のある分布の変化を示しており、古墳の構成要素の地方への伝播というだけでなく、時期・地域・墳丘規模における時期的な偏在からは、畿内政権の中心となる大王と地方首長との関係を読み取ることができると考える。

中期初頭〜前半における関東、九州への伝播は、婚姻関係など地方首長と大王の個別特殊な関係にもとづいて生じた可能性を考える。

そののち中期中葉〜後半には畿内の巨大古墳に採用されるがこれは大王墳の墳丘構成要素が畿内の有力首長にも許容され、王権の主要構成員が古墳の諸要素を共有することになったとみられる。

また、この段階までの地方の古墳への拡散は、長持形石棺の分布に似て一部の有力首長墳にかぎられており、一部の有力首長にも大王・中央政権を構成する有力首長の古墳と同じ墳丘景観の形成が許容されたと考える。つまり、この段階までの二重周濠の分布は政治的関係を反映するとみてよい。

中期後葉は、吉備では大首長墳の築造が停止し、一方で小墳での埴輪使用が活発化するなど、古墳の諸様相の大きな転換期ととらえているが、二重周濠の採用についても大きな変容がみられる。畿内にあっては、一時的ではあるが大王墳における採用の停止が生じ、小墳への拡散がはじまる。また、地方においては独自の平面形をもつ二重周濠が出現する。これらのことからは、二重周濠が墳丘周辺施設のなかで最上位に位置するという意味は保持するものの、中央と地方との政治的関係を表示する要素という性格を失い、単に上位の古墳の構成要素といういわば一般的な要素に変化し、その採用の可否は地域内部での政治的関係にもとづくことになると推定される。後期前半以降は、中期後葉に生じた様相の延長と理解してよいだろう。

5　その他の問題

（一）両宮山古墳群の二重周濠

以上に示した理解にもとづけば、両宮山古墳に設けられた二重周濠は畿内の王権との親縁性、大首長墳としての格付けを表示するものであったとみられる。

一方、和田茶臼山古墳、そして今のところ二重周濠に関しては可能性の指摘にとどまらざるをえないが正免東古墳、この二基は陪塚であり、首長墳からなる他の諸例とはやや異なる意味をもつ。次章で述べるように、これらは大首長のもとで地域政権を構成した近親者を基本的な被葬者と理解するが、陪塚にみられる墳丘規模、埋葬施設、副葬品の卓越からは、それらに大首長に次ぐ格付けが与えられたとみることができる。両宮山古墳群の場合も、通常の首長以上の格付けが分与・投影された結果、陪塚に二重周濠が設けられることになったと考えている。

（二）外濠の断面形

ここでは二重周濠の評価を、時期的な分布変化から試みた。二重周濠の分析はこれ以外に外濠の規模や断面形などに関する検討が必要であるものの、現在の資料ではいささかむずかしい。最後に外濠断面に関して簡単に整理しておく。

Ⅳ章で述べたように両宮山古墳の外濠は深く、

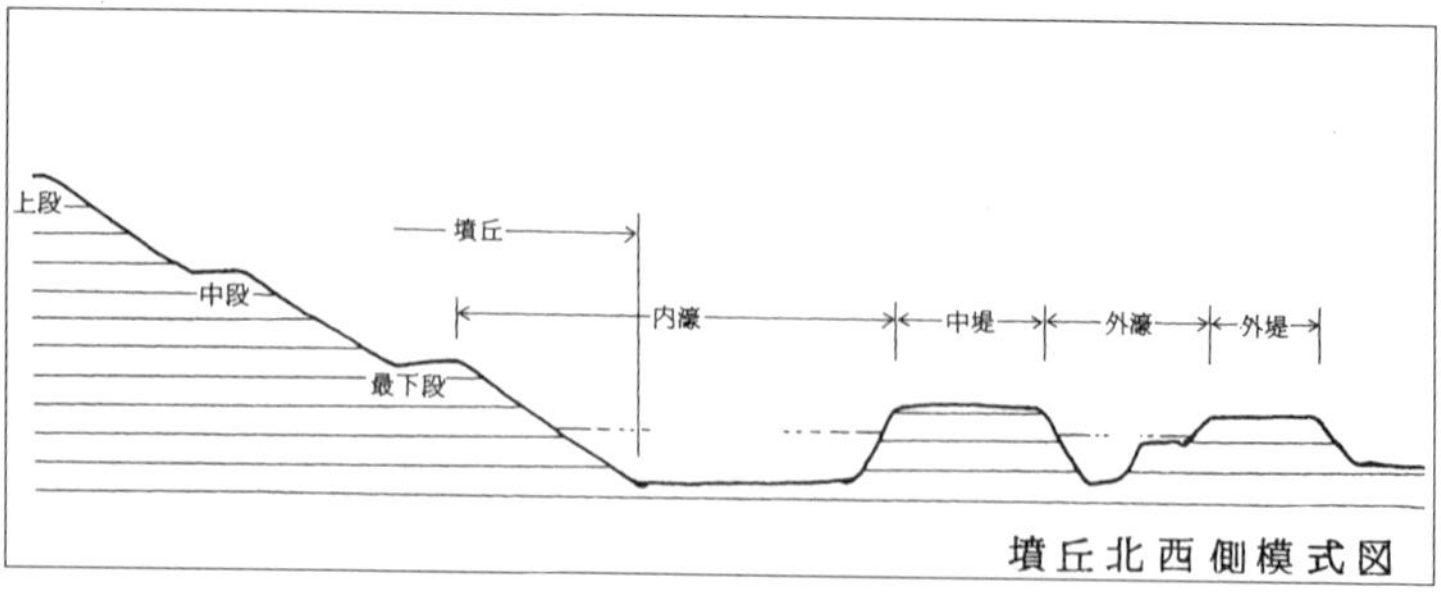

図65　誉田御廟山古墳外域断面

斜面は段をなして下降する。外濠が段掘りとなる例は誉田御廟山古墳、ニサンザイ古墳、白髪山古墳などがあり、一方、市庭古墳は逆台形の一段掘りであり、百舌鳥御廟山古墳、田出井山古墳なども同様である。外濠の深さは市庭古墳が七〇センチ、誉田御廟山古墳が三メートル、ニサンザイ古墳が二・三メートル、白髪山古墳が一・六メートルであるから、浅い場合には一段掘り、深さ一・五メートルを越えた場合に二段掘りとなるとみられるが、これは深さにかかわらず一段掘りを基本とする内濠とのちがいである。段掘りとなる諸例のうちニサンザイ古墳、白髪山古墳では中堤基部の外側に上段底面がありその外端外濠から下降して下段底面となっており、両宮山古墳の外濠断面はこれらと共通する。

　また両宮山古墳外濠の下段底面は前方部前面を除いて中堤側に偏った形となる。これは内外二つの斜面のうち内側を急角度にするためであったと考えるが、この形状は二段掘りの諸例でも類例は少なく、現在知られる資料では誉田御廟山古墳の断面形状が最も近い。

　以上、小論では二重周濠の分布の変化を中心に検討し、その素描を試みた。中期の様相の整理に重点を置いたため後期の資料については概観するにとどめたが、これについては各地域でさらに様相を整理していく必要があろう。また、外濠の断面形についても今後さらに分析が必要であることが明らかである。小論の不備、あるいは資料の補遺に関して教示を得られればさいわいである。

Ⅷ　陪塚の空間表示

1　陪塚の研究

巨大古墳の周辺には中小規模の古墳が築かれる場合がしばしばあり、陪塚あるいは陪冢と称される。主墳よりも年代が先行し、二つの古墳間に直接の関係がないことが明らかになった例もあるが多くの場合は巨大古墳周辺の小形墳は主墳と同時期ないしやや遅れての築造であり、主墳に従属して築かれたものであることは動かしがたい。

これらは主墳にきわめて近接して所在するという位置関係にあり、主墳と軸線が平行したり外周施設に辺をあわせるといった企画的な配置がなされる場合もある。また、前方後円墳とは異なる方・円・帆立貝形という下位の墳形の使用、主墳とは格段に墳丘規模が小さいといった特徴をもつ。この陪塚の性格については長い研究史があり数多くの論考が示されており、それについては山田幸弘によって簡潔にまとめられている。また、ここで述べる配置については藤田和尊の研究がある。

陪塚の被葬者像についてはその従属的なあり方

から大首長の「権力機関にあって、各種の権能・職種を分掌する官僚的階層」（西川宏「陪塚論序説」）とみなす点でおおむね一致をみているが、被葬者は「中小首長の少なくとも一部、あるいは最高首長の親族をもふく」むとする近藤義郎の見解から、より下の階層に属するとする山田幸弘の見解まで、やや幅がある。

2　陪塚の諸例

分析に入る前に陪塚の一般的なあり方を提示しておく。

陪塚に採用される墳形は方墳・円墳・帆立貝形古墳の三種であり、まれに前方後円墳が含まれる。中期中葉までは方墳が採用されることが多く、後半には円墳・帆立貝形古墳が主流となる。

陪塚が多数築かれるのは畿内の巨大古墳である。百舌鳥古墳群の大仙古墳の場合、全長八七メートルの帆立貝形古墳、丸保山古墳をはじめ、一五基の帆立貝形古墳・円墳・方墳が主墳の周囲をとりまくように築かれている（図59）。また、佐紀古墳群のコナベ古墳では径四二メートルの円墳、大和二一号墳のほか、大和一七号墳以下一〇基の方・円墳が墳丘を馬蹄形にとりまくことが知られている。なお、図には後円部後端側の陪塚は表示されていない。もう一つ例をあげるなら、古市古墳群の市野山古墳がある。多くが削平・消滅してしまったが、後円部周辺に長持山古墳、唐櫃山古墳など大小七基の帆立貝形古墳・円墳・方墳が所在する。

こうした主墳をとりまくような配置が一般的であるが、それとは異なる配置パターンとして造山古墳がある。ここでは千足《せんぞく》古墳、榊山《さかきやま》古墳など七基の帆立貝形古墳・円墳が築かれているが、それらはすべて前方部前面の低丘陵上に散在するよ

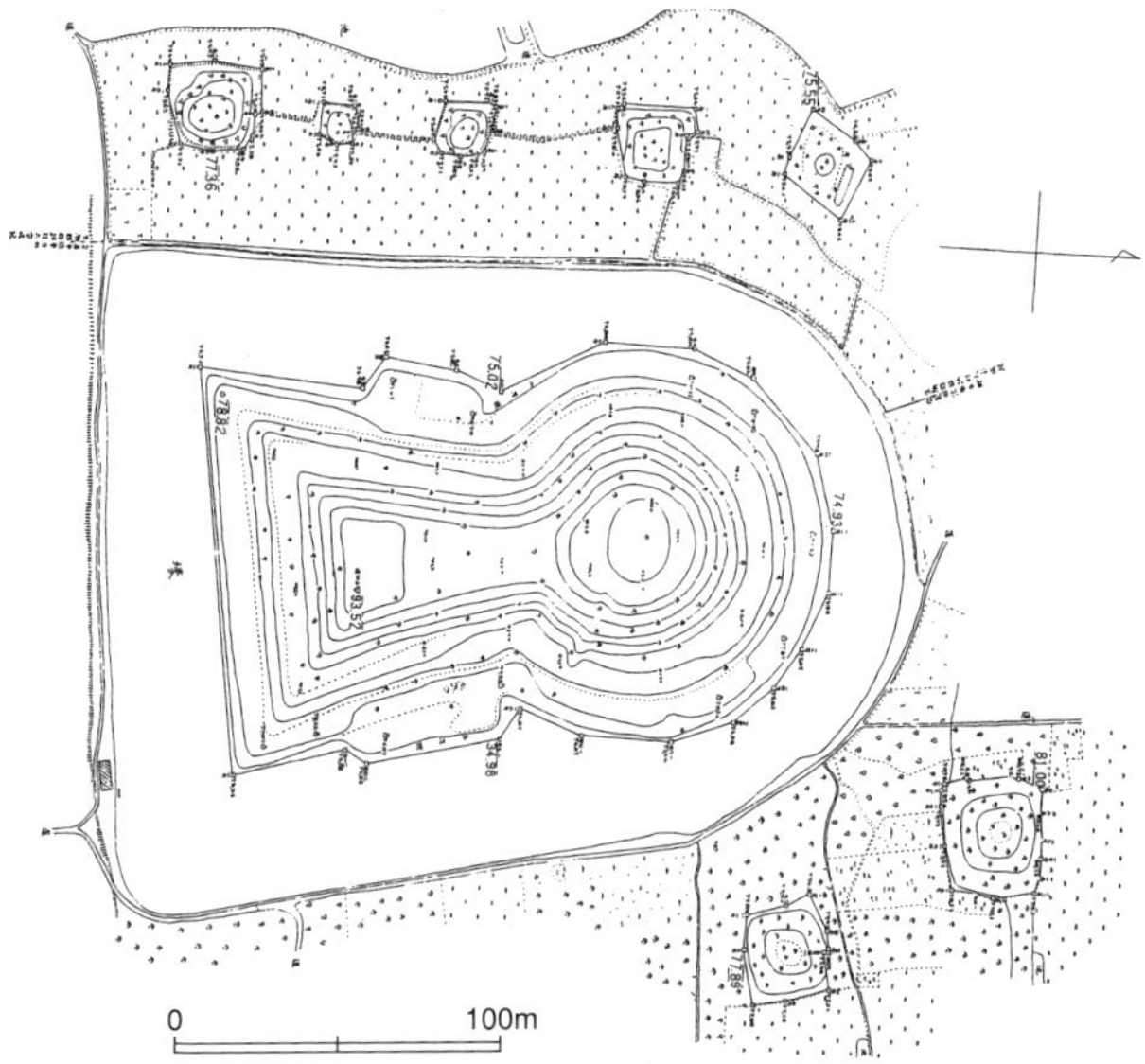

図66　コナベ古墳

うに築かれている。造山古墳の場合、墳丘は低位部に突出した丘陵先端を加工して形成されており、後円部の周辺は古墳の築造には適さない地形であったとみられる。そのため、周辺への陪塚の配置が原則であったとしてもその実施は困難であったと推定されるが、企画的な配置はさほど考慮されていないように見受けられる。

さて、両宮山古墳の場合であるが、先に述べたように後円部後端側に和田茶臼山古墳が築かれ、この古墳は両宮山古墳と外濠が接続すると判断した。また、前方部前面には外濠外側に森山古墳と正免東古墳が築かれる。

一方は外濠を接するまでに接近し、もう一方は外濠から離れて所在する。こうした位置関係と濠の接続は何を物語るのだろうか。この章ではこの問題について少し掘り下げて考えてみたい。

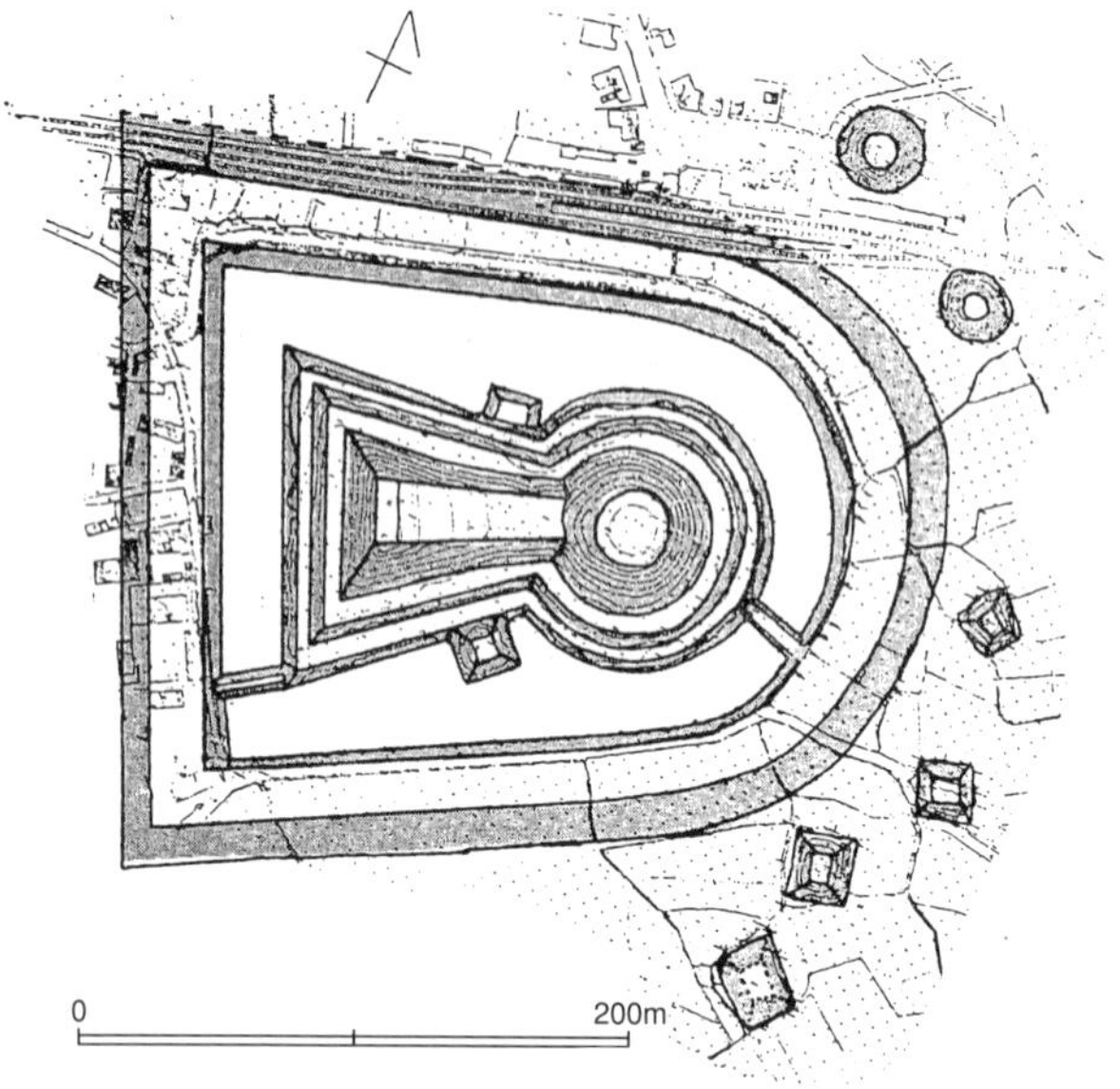

図67　淡輪ニサンザイ古墳

3　濠の共有

和田茶臼山古墳のように、陪塚の濠が主墳の濠に接続する例は、管見の範囲で以下の数例が確認できる。

寺山南山古墳　百舌鳥古墳群において大仙古墳に次ぐ規模の石津丘古墳は墳丘全長三六〇メートルの巨大古墳で、二重周濠をもつ。もとは七観（七観山）古墳をはじめ七〜一〇基の陪塚が所在したらしいが削平され、現状では二基が残存するにすぎない。そのうちの一基、寺山南山古墳は一辺四一・五メートルの方墳で、石津丘古墳後円部後端側に所在する。確認調査の結果、墳丘の一辺を石津丘古墳外濠にそろえ、幅一一メートルでコの字形をなす周濠が外濠に接続することが判明した。

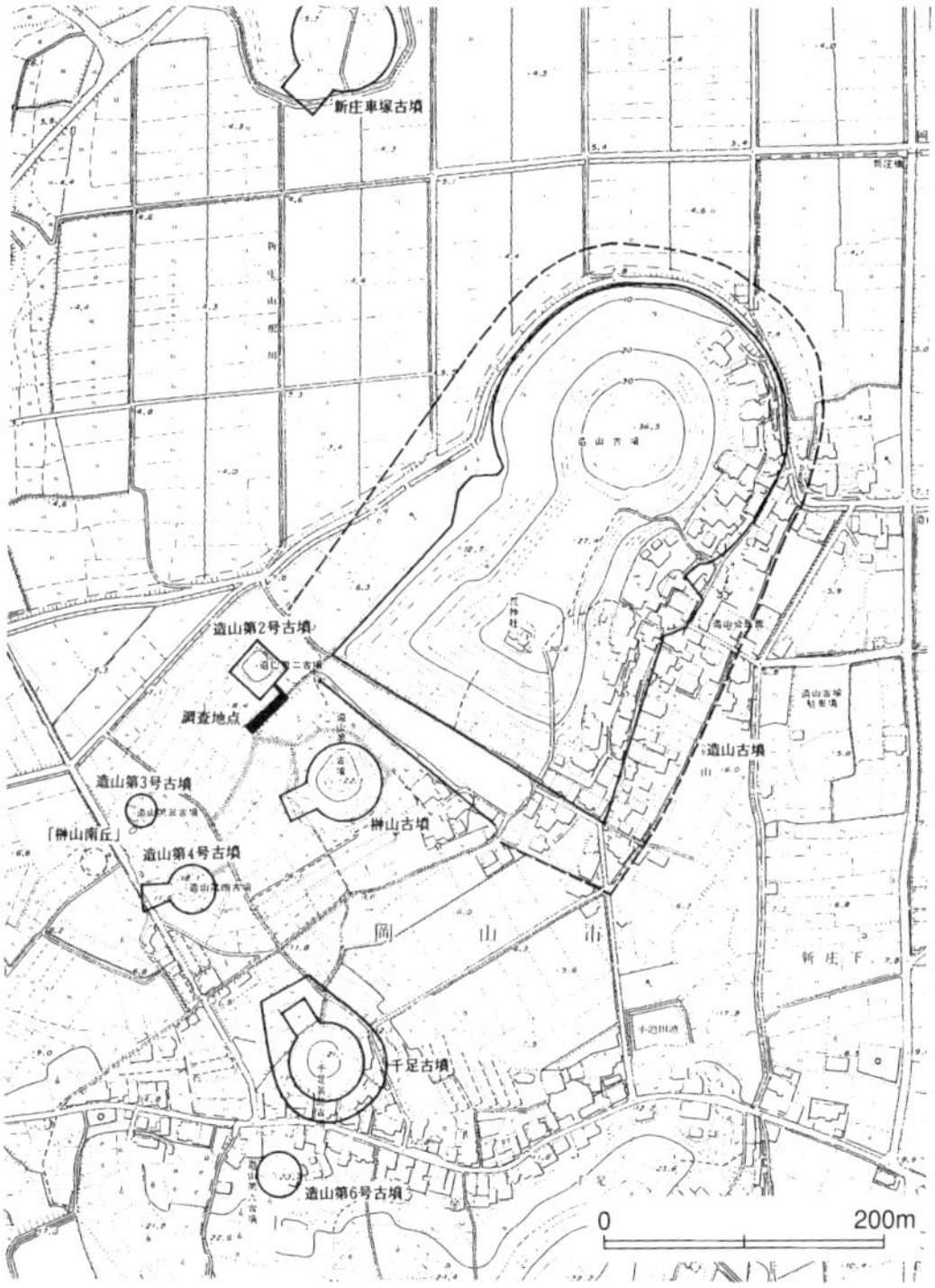

図68　造山古墳

西都原一七一号墳　墳丘全長一七六メートルを測る女穂塚古墳は九州最大の前方後円墳で、確認調査によって外濠の存在が明らかになった。西都原一七一号墳は一辺二五メートルの方墳で、女狭穂塚古墳の後円部南西側（後円部側面）に所在する。前記の寺山南山古墳と同様、墳丘の一辺を女狭穂塚古墳外濠の外縁にそろえ、コの字形の周濠がそれに接続する。

唐櫃山古墳・長持山古墳　上記のほかに、推定となるがこの二基も同様な形状になると考えている。両墳は古市古墳群を構成する巨大古墳の一つ、市野山古墳の陪塚である。市野山古墳は

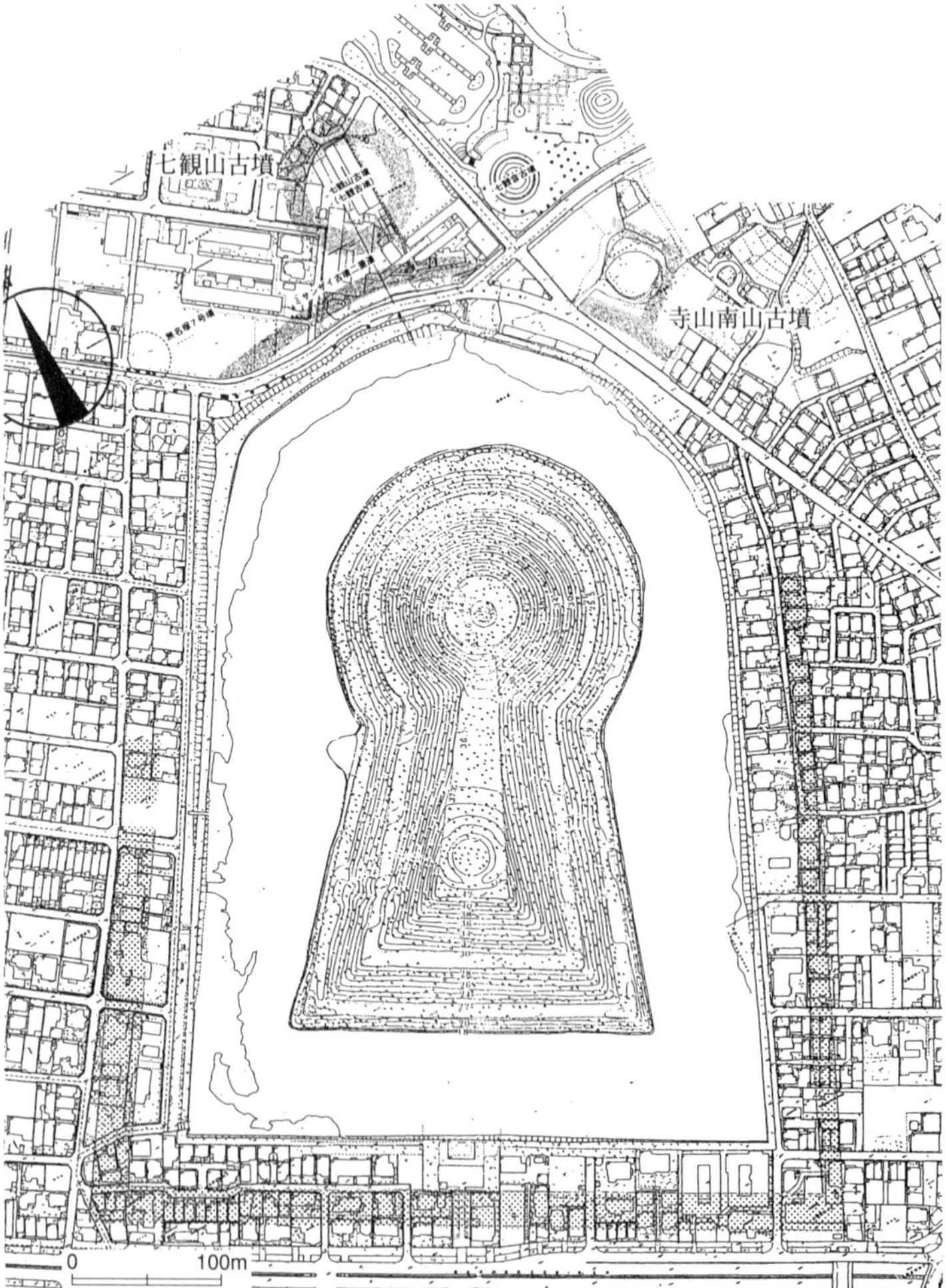

図69　石津丘古墳と寺山南山古墳

図70　女狭穂塚古墳と西都原171号墳

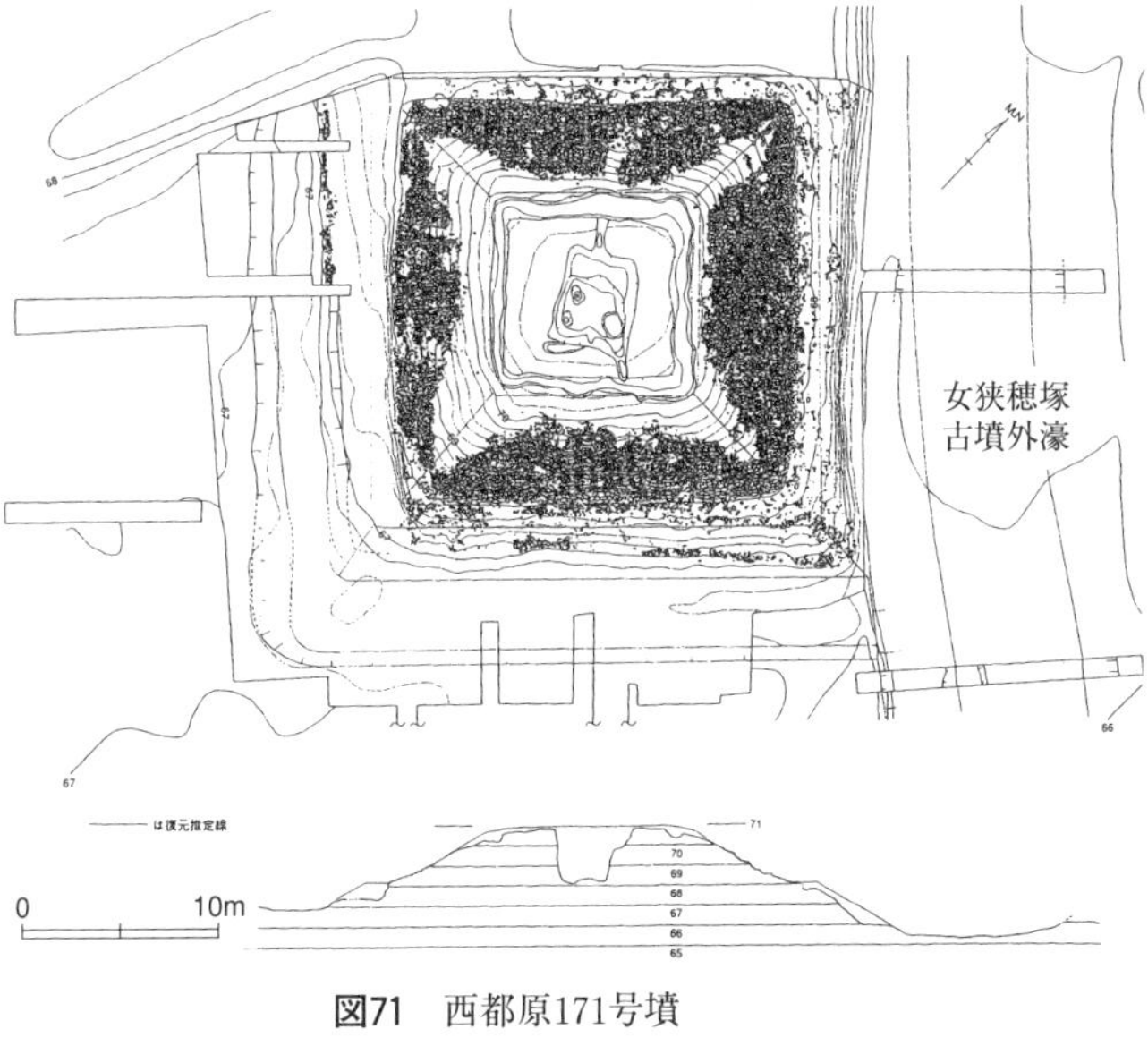

図71　西都原171号墳

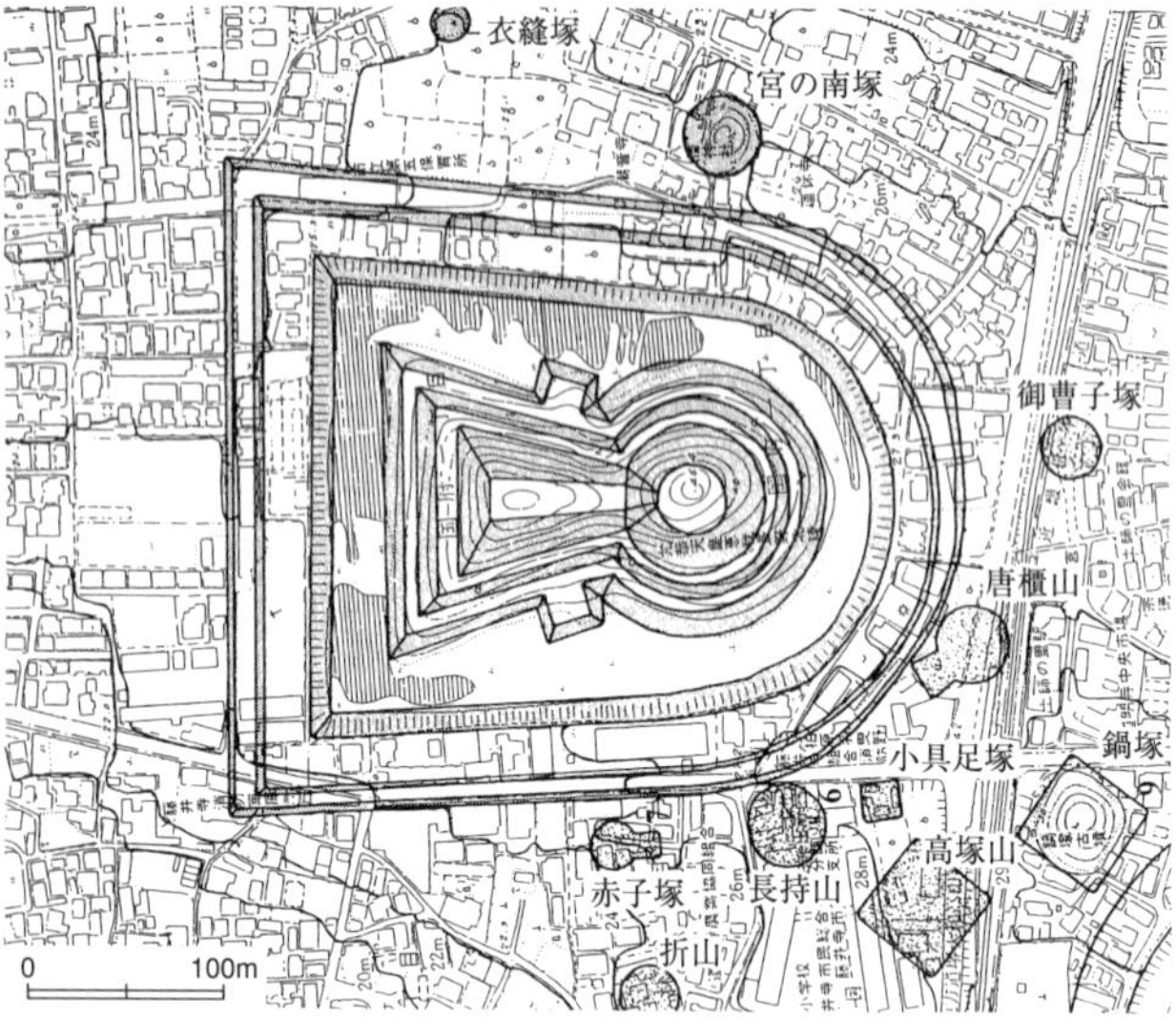

図72　市野山古墳

墳丘全長二三〇メートルを測り、大王墓の一つと目される巨大古墳で、二重周濠をもつ。巨大古墳が近接して所在しているため、どれまでがこの古墳の陪塚か、わかりにくいところもあるが、計七基の帆立貝形・円・方墳が随伴する。これらのうち唐櫃山古墳、長持山古墳は現在墳丘が削平されているものの発掘調査が実施されており挂甲をはじめとする豊富な副葬品と阿蘇溶結凝灰岩製の刳抜式家形石棺を使用することでよく知られる。

このうち唐櫃古墳は墳丘全長五三メートルの帆立貝形古墳で市野山古墳の後円部後端近くに、長持山古墳は径四〇メートルの円墳で後円部の西側面に所在する。ともに墳丘は市野山古墳の外濠に接する位置に築かれており、また、それぞれ周濠をもつことが判明している。それらの周濠と主墳である市野山古墳外濠との関係は確認されていないが、周濠が通常どおりめぐるとするなら、それは主墳の外

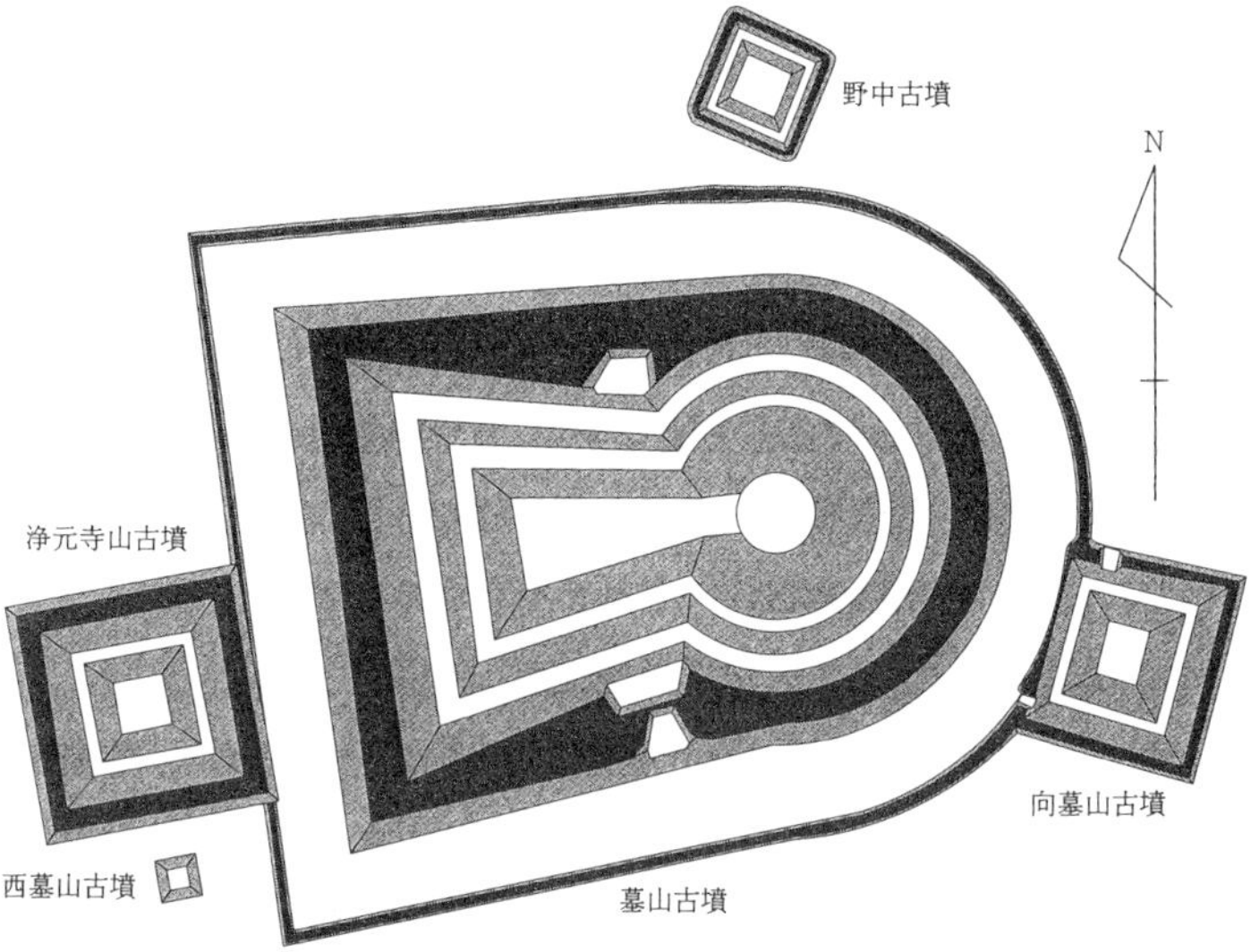

図73　墓山古墳と陪塚

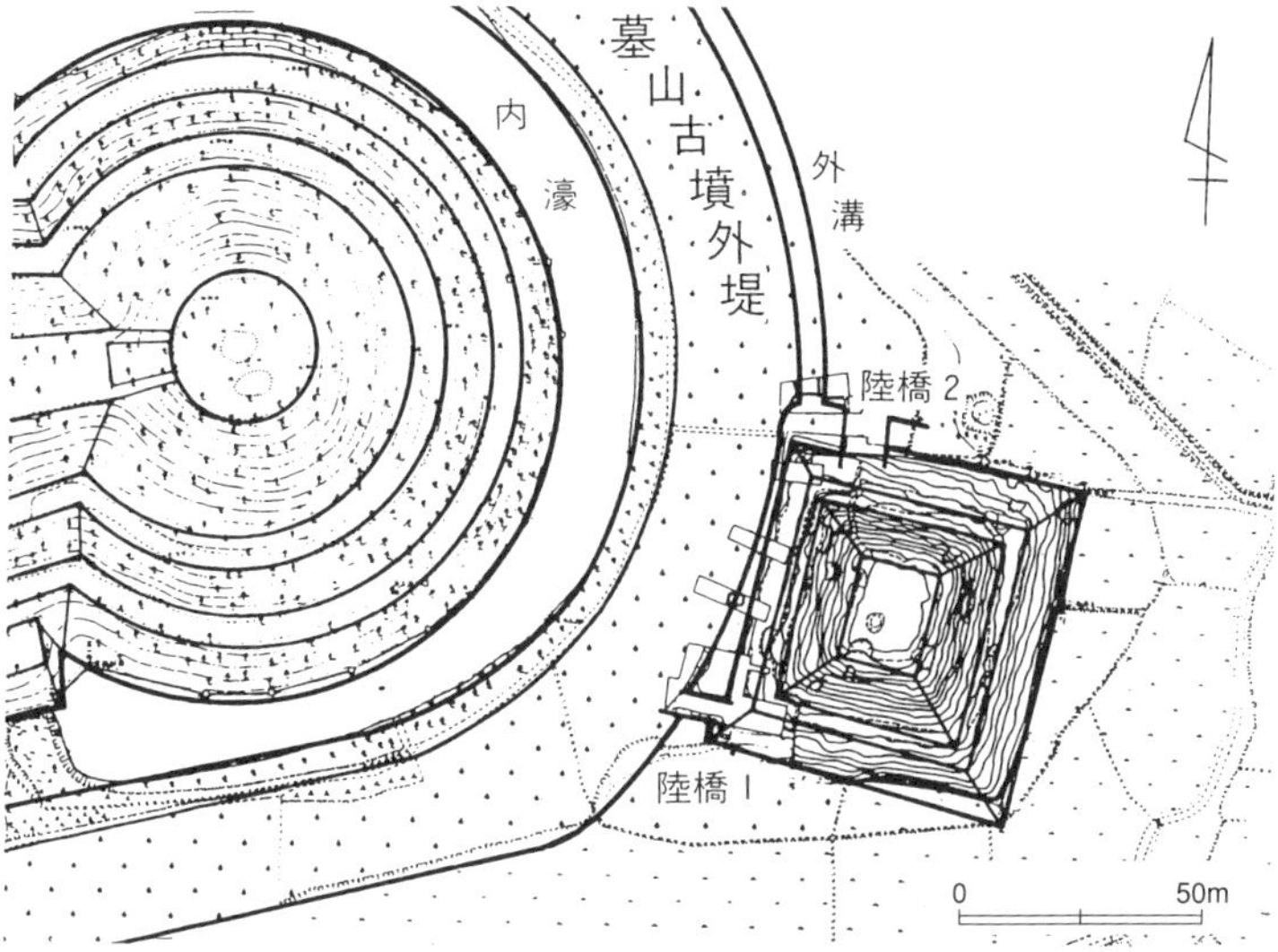

図74　向墓山古墳

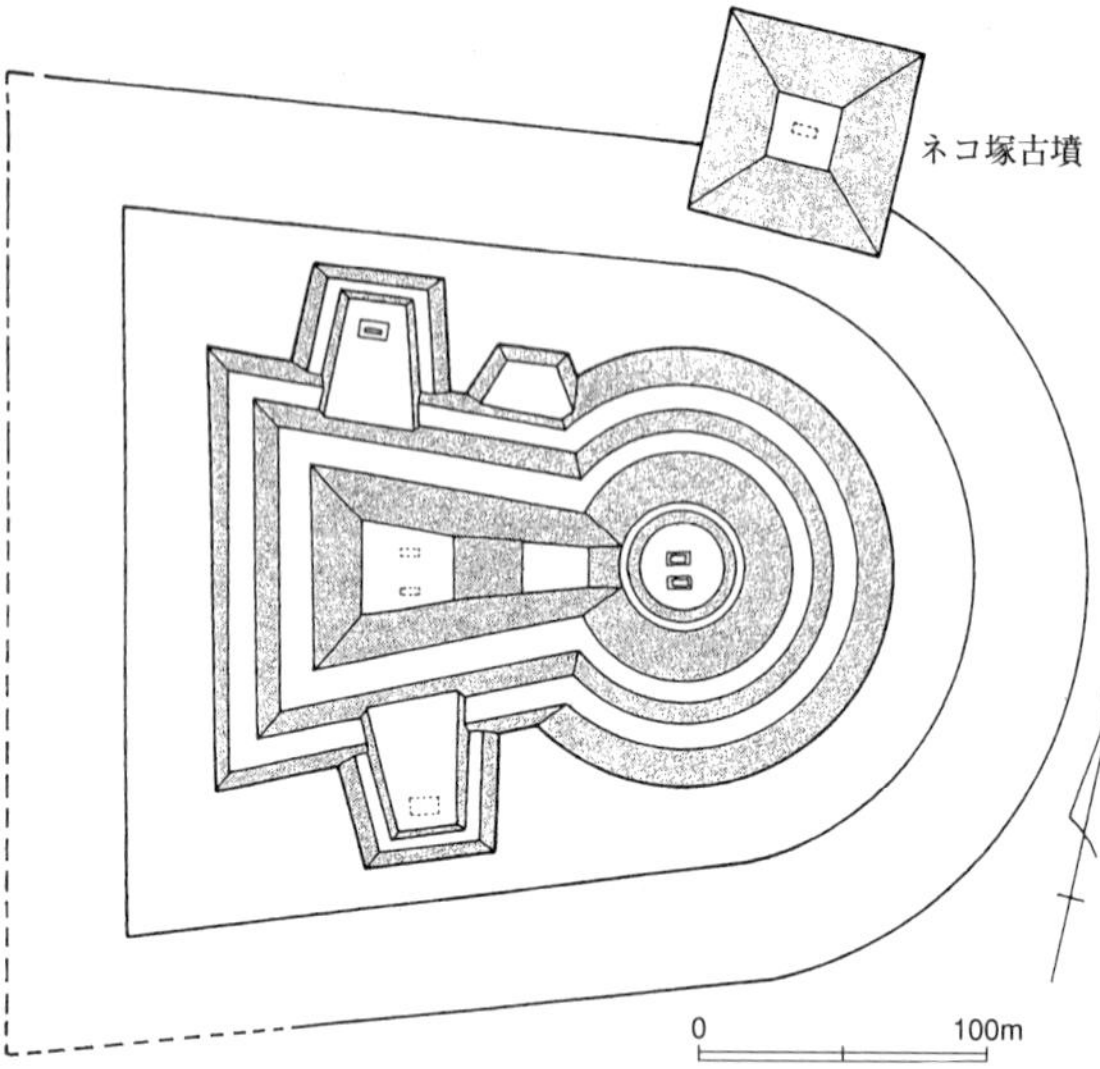

図75　室宮山古墳

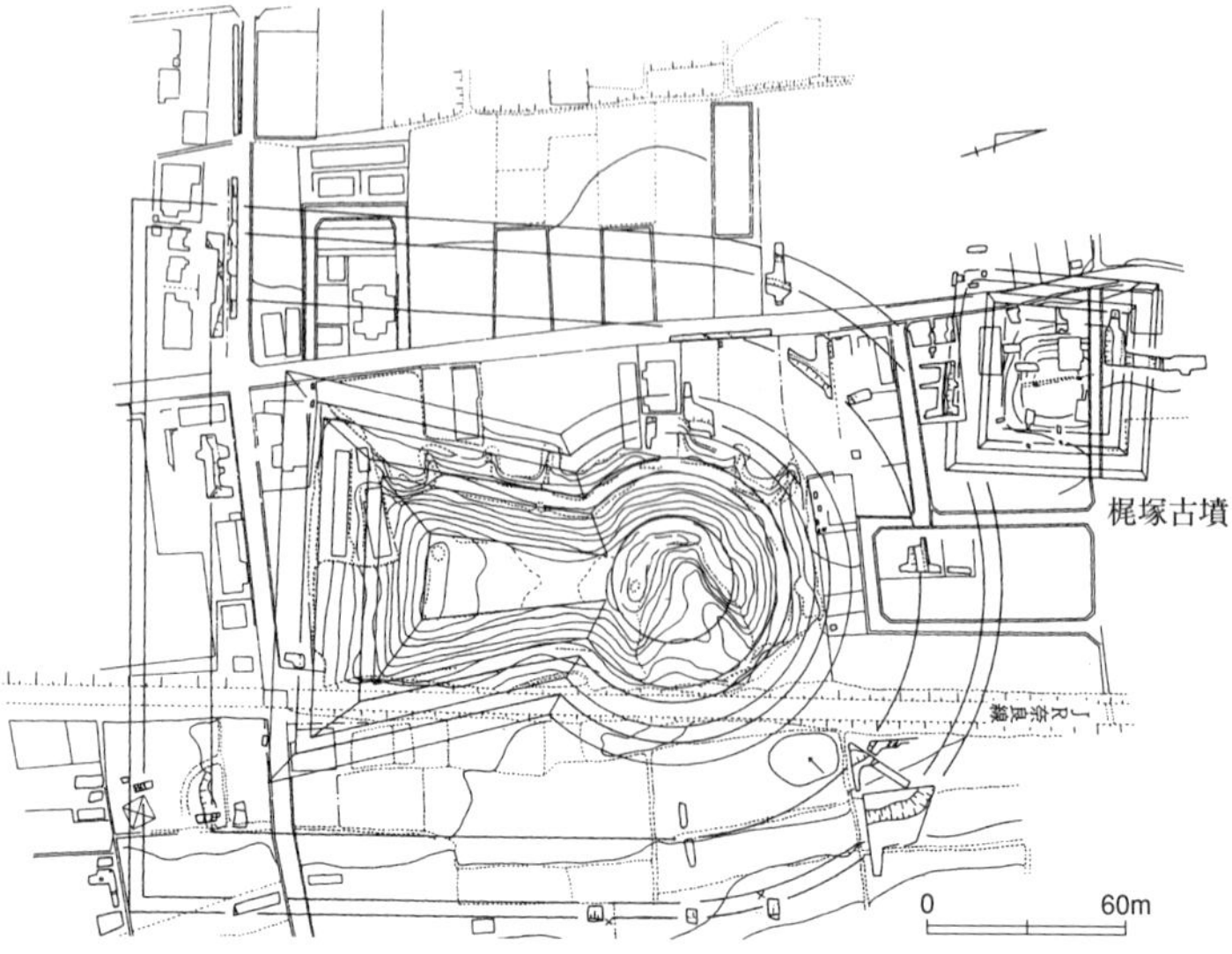

図76　久津川車塚古墳

濠に接続すると考えざるをえない。

陪塚の周濠が主墳のそれに接続する例は陪塚全体からみればごく少数である。しかしながら、宮内庁による陵墓指定、そしてそれ以上に百舌鳥・古市古墳群における古墳周辺の市街化のため陪塚の墳丘や周濠の確認調査例がさほど多くないことを考慮すれば、かならずしもこうした例はごく特殊な例であるともいいがたい。百舌鳥古墳群の御廟山古墳（二〇一メートル）の後円部後端に所在するカトンボ山古墳（円墳・五〇メートル）、大仙古墳（四八六メートル）の前方部側面に所在する塚廻古墳（帆立貝形・三八メートル）なども墳丘と主墳の外濠の位置からその例に含まれる可能性が強い。

さらに和田茶臼山古墳の事例から、陪塚の周濠に二重周濠が採用される場合があることを勘案すれば、主墳の外濠あるいは周濠に接続する例はより増加すると考える。

向墓山古墳

このほか、墓山古墳（二二五メートル）の後円部後端側に所在する大形の方墳、向墓山古墳（六八メートル）は、墳裾をめぐる溝が主墳の周堤外側の溝に接続し、さらにそれを横切って主墳の周堤と墳丘をつなぐ陸橋をもつ。周濠の接続ではないが、それと同様に主墳と陪塚の一体性を表示する事例である。

この例に似た陪塚の配置をとる例として室宮山古墳とネコ塚古墳、久津川車塚古墳と梶塚古墳、仲津山古墳と鍋塚古墳、コナベ古墳の陪塚群といった諸例があり、ネコ塚古墳と梶塚古墳は陪塚が周堤に乗る形になる。久津川車塚古墳の場合は梶塚古墳付近で外濠が途切れるとみられることが明らかになっているものの、他は遺構の状況は明らかになっていない。久津川車塚古墳が中期中葉、向墓山古墳を含めた他が中期前半に属することから、今後の資料の増加を待つ必要があるが、

表2　陪塚の築造位置

古墳名	資料総数	後円部側	前方部側面	前方部前面	備考
佐紀石塚山	3	3			
コナベ	10	7	3		
墓山	4	2		2	
石津丘	4	3	1		もと10基前後
誉田御廟山	8	1	3	4	
百舌鳥御廟山	2	2			
大仙	15	7	4	4	
市野山	7	6	1		
太田茶臼山	4	4			
淡輪ニサンザイ	6	6			
計	63	41	12	10	

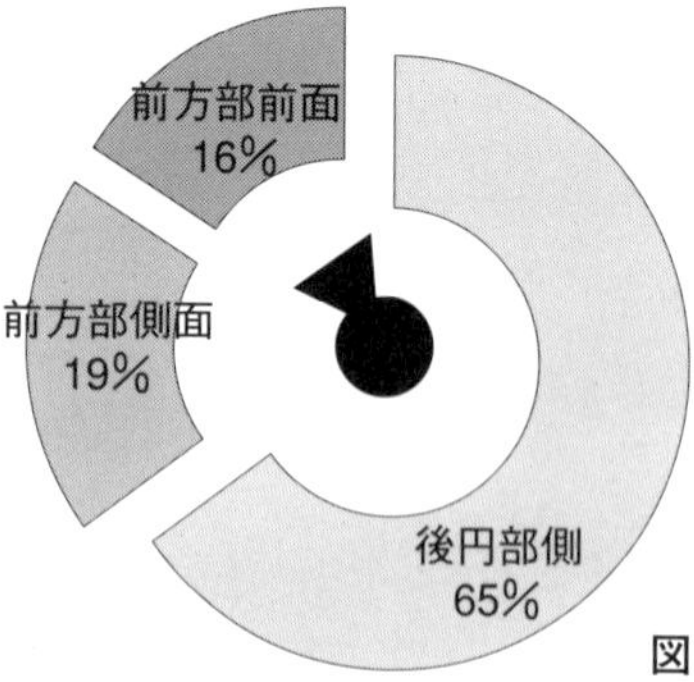

図77　陪塚の築造位置

向墓山に見られる接続の形から、濠の接続・共有へと変わっていく可能性を考えている。

4　陪塚の配置

以上に示した濠が接続する陪塚の諸例は、いずれも主墳の後円部付近に築かれている。

畿内の主要巨大古墳における陪塚の配置を簡単に整理したのが表2である。先にも述べたように確実に陪塚と認定できるものばかりでなく、築造時期が前後し狭義の陪塚からは除外したほうがよいものを含む可能性がある。また、古くに削平されたものもかなりの数にのぼると考えられており、確定的な資料ではないが築造位置選択の傾向を知ることは可能である。山田幸弘が指摘するように、陪塚は後円部側に配置される例が圧倒的に多い。陪塚の数が多い場合にはコナベ古墳や市野山古墳のように後円部にそって弧状の配置を示し、少ない場合は後端付近に築かれることになる。一方、前方部、とりわけ前方部前面に配置される例は少ない。

この原則からはずれるのは誉田御廟山古墳である。この古墳の場合、陪塚の総数が少なくそれらは前方部側に多く、上記の原則から逸脱する（図60）。このことについては現在十分な解釈は困難で、あるいは削平されたものが後円部側にある程度あるのかもしれない。

他方、大仙古墳の場合は総数が一五基と多く墳丘全体をとりまく形になる（図59）。後円部後端側に所在する二基の円墳、茶山古墳と大安寺山古墳は外堤上に築かれており、先に述べた濠の共有の資料である。くびれ部両側の塚廻古墳、樋の谷古墳も三重濠に近接しており濠が接続する可能性が強い。一方、前方部前面に所在するグループは竜佐山古墳、孫太夫山古墳など帆立貝形古墳で、そのうちの竜佐山古墳が三重濠に最も近接するが、この古墳は大仙古墳とは埴輪に時期差があり、時期をおいて近接した位置に築かれたものである。こうした例もあるが、他の二基は三重濠から少し距離をとっている。また、後円部側でも丸保山古墳や源衛門山古墳は三重濠から若干の距離をとる。

したがって、陪塚群は後円部側を中心としながらも、後円部にきわめて近接するグループと、墳丘からやや離れて築かれるグループによって構成されているとみることができ、後者は後円部側から前方部前面にわたって築かれているとみてよいだろう。

なお、大仙古墳と竜佐山古墳、墓山古墳と浄元寺山古墳、誉田御廟山古墳と誉田丸山古墳など、前方部前面の陪塚は陪塚群のなかで最も新しく、最後に築かれる例が多いようである。

5　陪塚の空間表現

以上に示した陪塚の配置と濠の接続から、陪塚配置の約束事を知ることができると考える。

前記のように陪塚が築かれる基本的な位置は後円部周辺、とくに後端付近である。

そして、それらに加わる形で主墳の周辺という位置が選択される。これは後円部側でもやや離れた位置であったり前方部側であったりと具体的な形は多様である。いま大仙古墳の場合を示したが、他の古墳では墓山古墳の陪塚（図73）のうち野中古墳、浄元寺山古墳、西墓山古墳が、百舌鳥御廟山古墳（図54）では万代山古墳がこれにあたる。

さらに、百舌鳥・古市古墳群では、これら確実な陪塚以外に中小規模の古墳が巨大古墳の間に散在する。陪塚の認定要件の一つである配置の企画性からははずれることになるが、それらは主墳との位置関係が明確でない形の陪塚とみることもできる。

陪塚の築造位置の決定には一定の原則があり、陪塚は主墳の後円部中心点、すなわち主墳の被葬者からの距離にもとづいた、少なくとも二重の環状の配置構造をもつとみるべきである。そして、これにそれぞれの陪塚の墳形と規模の相違が加わって主墳の被葬者と陪塚の被葬者との関係を表示すると考えてよいだろう。この環状構造の内側に位置し、後円部に近接するグループが主墳の外濠に周濠が接続する形をとる。

こうした視覚的な形での主墳との関係の表示は、主墳の側からすれば従属というひとことで括ることが可能ではあるが、濠を接続し共有するという形状は陪塚の被葬者にとっては主墳との親縁関係の表示である。いわゆる陪塚は王権・大首長の政治組織を構成した官僚的な層の墳墓であるというこれまでの理解にたつが、主墳の被葬者との関係をまさに明示することからみて、その中核となるのは主墳の被葬者と血縁・婚姻関係にある首長の一族であり、それらが後円部に近接する陪塚の被葬者になると考える。

和田茶臼山古墳の評価　上記の陪塚の配置は畿内においては長く保持されるのに対し、地方ではかならずしもそれに則っていない。先に示した吉備の造山古墳と陪塚群の関係は、地形が大きく作用していることは否めないが、あるべき陪塚の配置を取るように努めたとも考えにくい。この場合は古墳群の威容を間近に見せることを優先し、前方部前面付近を通過する陸路に近接して陪塚を築いたため、こうしたあり方になったとみてよいだろう。同じ吉備の宿寺山古墳の二基の陪塚は主墳の側面下方側にならんでおり、後円部への近さというよりも側面からの見かけを重視しているようである。さらに、讃岐最大の前方後円墳、富田茶臼山古墳では前方部前面の周濠外側で陪塚とみられる二基の方墳の所在が確認されているが、やはり配置の原則からすれば逆の位置となる。

そうした、不完全ともいえる陪塚の配置に対して、両宮山古墳群の和田茶臼山古墳の築造位置は畿内の大王墳や有力首長墳におけるあり方と同様であり、外濠の接続も特異とすべきものでないことは以上に見たとおりである。ここに提示した陪塚の被葬者像を妥当とするなら、和田茶臼山古墳の被葬者は両宮山古墳の被葬者のもとで政権の職務にあたった一族の一人ということができ、埴輪・葺石が和田茶臼山・両宮山の二古墳に共通して欠落することも、その原因は別としても、理解しやすい。

森山古墳の評価

一方、両宮山古墳の前方部前面に所在する森山古墳の性格、被葬者像を考察することはなかなかむずかしい。両宮山古墳との位置関係、帆立貝形古墳という前方後円墳よりも下位となる墳形からすれば陪塚として扱うことになる。両宮山古墳後円部からは最も離れる位置にあることからすれば、両宮山古墳被葬者に従属した首長をイメージすることもできる。それに対して問題は、墳丘の大きさである。墳丘全長八二メートル、総長一三六メートルという規模は主墳に対してきわめて大きい。大仙古墳の陪塚のうち最も大きな帆立貝形古墳が丸保山古墳で墳丘全長八七メートルを測る。この場合は主墳が日本最大で墳丘全長四八六メートルであることからすれば、主墳と陪塚の関係として問題はない。それに対して墳丘全長が半分以下の両宮山古墳の場合、大きさの関係はやや不適当なものとなる。

主墳の規模が小さくなれば他の古墳との規模の差は縮小してくるため一律の比較はむずかしいが、陪塚といいがたい大型墳が随伴する例として、兵庫県五色塚古墳と小壺古墳、群馬県太田天神山古墳と女体山古墳など中期の前半にいくつかの例があり、こういった随伴古墳の被葬者像をどのように想定するかという考察も必要となってくる。しかしながら、それらの位置はいずれも主墳の後円部側に築かれており、森山古墳の場合とは少し異なる。

森山古墳の問題点のもう一つは両宮山古墳・和田茶臼山古墳と異なり葺石・埴輪をともなうとい

う様相のちがいで、同じく葺石・埴輪をともなう正免東古墳は森山古墳の陪塚ともいいうる位置にある。

こうしたやや特異な要素を勘案し、森山古墳は両宮山古墳の陪塚であると同時に、両宮山古墳に後続する首長墳としての性格を併せもつと考えておきたい。

Ⅸ　まとめにかえて――両宮山古墳の諸問題

1　立地と古墳群の形成

両宮山古墳はかならずしも見通しのよいところに築かれているわけではない。平野の中央に所在するわけではないため四方からそれを遠望することはできない。南側の峠を越えて進めば墳丘を遠望することができるが、東西方向からであれば突如として墳丘が現れることになる。

こうした立地は何に起因するのだろうか。また、なぜ平野の西端であるのか。その理由は古代山陽道に先行して古墳時代に所在した道にあると考えている。

古代山陽道は北東から平野の中央部を横断し、両宮山古墳の南西に所在する鞍部を越えて直進し一級河川である旭川を渡る。備前国分寺はこれに面して北側に、備前国分尼寺（私見では高月駅家跡であるが）が南側に所在する。以前に推定された山陽道は両宮山古墳中堤前面を通過するものであったが、外濠が所在し古代にはまだ埋没していなかったことが判明したためそれよりも南側になるが、森山古墳よりも南側になるとは考えにくく、外濠の外側、現在の県道付近に想定するのが妥当である。

先行して所在した道を整備して古代山陽道が設けられたと理解してよいなら、両宮山古墳はその道に面して築かれたわけであり、朱千駄古墳や小山古墳は道の南側の高所を選択したと理解することができる。

筆者は、古墳立地の原理は吉備では中期前半を境に大きく異なり、中期中葉以降は古墳の威容を人びとの間近に示し、首長の政治的位置を表示するという政治性の強いものになると考えており、道に面するという立地はこれにもとづくと理解している。もちろん、道に面することには作業人員の動員や資材の搬入などが容易となるという側面もあったと思われる。古墳群形成の要因についてはさまざまな意見が示されているが、古墳群は一定の範囲を墓域に定め古墳の築造を重ねることによって首長とその一族の系譜や歴史性を表示する独特の景観を形成し、政治性の表示という古墳の機能を、より発揮させることを企図したものであったと考えている。

2　埴輪と葺石の欠落

先に述べたように両宮山古墳最大の特徴であり、問題となるのが埴輪と葺石をともなわないことである。小規模な古墳であれば異とすることではないが、この規模の古墳でそれがないというのは、ひとことで言えば理解に苦しむということになる。考古学において、ないという証明はなかなかむずかしく、ごく局部的に葺石があったり、少量の埴輪があるという可能性は否定できないが、大量配列という埴輪の性格上、それもかなり特異な様相であることには変わりない。

解釈だけで言えば、両宮山古墳の年代推定が大幅にまちがっているなら理解可能にはなる。前方後円墳の築造が停止にむかう六世紀後半には吉備や畿内では埴輪や葺石が使用されなくなるので、

図78　鶴山古墳

その時期まで年代が下降すれば何の問題もなくなるが、そうすると墳丘の型式や外濠の形状など他の要素が齟齬をきたすことになり、これは正解とはならない。

　したがって、この問題はきわめて特殊な事象ということになる。埴輪の波及にかかわる事象ではなく、埴輪が一般化した地域の大形古墳で埴輪と葺石をともなわない事例となるのは、管見の範囲では群馬県鶴山古墳一例にすぎない。

鶴山古墳

　鶴山古墳は群馬県太田市に所在する墳丘全長九五メートルの前方後円墳で、葺石・埴輪をもたない。二重周濠がめぐるが、Ⅶ章で述べたように関東地方では中期後半から後期にかけて二重周濠が首長墳に採用されるためであり、このことは両宮山古墳とくに関連はない。

　昭和二十三年に尾崎喜左雄によって発掘調査が実施された。後円部には長さ二・八メートルの竪穴式石

室が設けられ、長方板革綴短甲一領、横矧板鋲留短甲二領をはじめ、冑、鉄剣、鉄刀、木製盾、農耕具、石製模造品など多量の副葬品が副葬されていた。

注目されるのは遺体の状況で、四肢骨だけをそろえたような状態で検出され、頭骨および脊椎骨が認められなかったという。つまり、改葬の状態を示していたわけである。前期・中期の大形古墳の埋葬で人骨が遺存した例はさほど多くないが、遺存した例や副葬品のうち着装品の出土位置などからみて、遺体をそのまま伸展の状態で葬るのが通例である。また、副葬品の配置からは遺体のなかでも頭部がとりわけ重視されたことが明らかである。鶴山古墳の遺体のこうした状態はきわめて特異であり、葺石・埴輪をともなわない理由を求めるならこのことが該当すると考えざるをえない。つまり、通常の葬送儀礼を実施する場合とは異なる状況が発生したため葺石・埴輪が設置されなかったと。

葺石の設置、埴輪の設置は古墳構築の最終段階になされたと考えてよい。両者のうち埴輪は本来は辟邪・結界としての機能をもつものであった。時期あるいは墳丘規模によってはその一方あるいは両者が省略されることもあるが、中期後半のこの段階においてはこれらの設置は首長墳の葬送儀礼の一部であり、また、威儀を表示するものであったと考えている。

この事例をふまえれば、両宮山古墳の場合も、その詳細は知るすべはないがなんらかの特殊な事情が発生して通常どおりの葬送儀礼が実施されなかった可能性が考えられる。

3　首長墳の変遷と両宮山古墳

吉備の大形墳は一地域に継続して築かれることは少なく、とりわけ大首長墳は備前と備中の間を移動し、前期にはおもに備前に、中期には備中に築かれる。日向の女狭穂塚古墳が築かれる中期前半を除けば、つねに中四国・九州で最大規模の墳丘規模をもつ大形古墳が築かれることになる。

中期の動向に限定して述べれば、備前では中期前葉の金蔵山古墳をもって前期以来継続した大首長墳の築造が途絶する。これに対応するように中期中葉には巨大古墳の頂点にたつ造山古墳が、つづいて作山古墳が築かれ、その付近の丘陵上には多数の中小墳の群集が形成される。

そして、中期後半に両宮山古墳の築造がなされる。備中から備前へ大首長墳が回帰するわけであるが、築造の位置は金蔵山古墳が築かれた旭川東岸平野ではなく砂川中流域である。旭川東岸平野においては金蔵山古墳の後は大形古墳の築造が途絶えたままであり、先に述べた立地要因を満たす位置としてこの地が選択されたと考えられる。両宮山古墳築造の主体となったのは旭川下流域平野から砂川中流域を領域とする首長と考える。

両宮山古墳の築造後、中期後葉の首長墳の築造状態は大きく変化する。第一は巨大古墳が築かれなくなることであるが、畿内においても大王墳以外には巨大古墳は築かれなくなるためこれは吉備特有の現象ではない。「吉備の反乱」伝承の評価もあって、造山・作山古墳よりも両宮山古墳の墳丘規模は小さく両宮山古墳以後は巨大古墳の築造が途絶えるため、吉備の没落という理解がなされることが多いが、そうした評価は不適切である。

第二は中規模古墳によって形成される首長系譜

の出現、あるいは復活である。備中南部の造山古墳周辺では首長墳の築造は継続されるが墳丘規模は他地域と同様にまで縮小し、一方、真備には天狗山古墳にはじまる系譜が出現する。この様相は備前ではさらに顕著で、長船の築山古墳、御野のお塚古墳など地域ごとに三〇～八〇メートル《メートル》の首長墳が築かれる。Ⅰ章で述べたように両宮山古墳の所在する砂川中流域北部で二塚一号墳にはじまる新たな首長墓系譜が出現する。こうした前方後円墳の拡散ともいえる現象は砂川中流域ではとりわけ顕著で、後期前半にはさらに便木山七号墳、慶貞一号墳といった小規模な前方後円墳が古墳群の隙間を埋めるように築造される。

この築造状況の変化は、大首長のみが卓越し巨大古墳を築くという状況が中期後半にくずれ、中小の首長が地域ごとに並立するという首長間関係に移行したと理解することができる。

両宮山古墳はこの転換期の直前に築かれた最後の巨大古墳といってよいだろう。

4　両宮山古墳の性格

以上に示した検討から得られた評価をまとめて結論とする。

両宮山古墳は大王墳に次ぐ格付けをもって築かれた巨大古墳である。その設計や施工に吉備の地方色なり不十分さといったところは見られず、畿内の古墳とまったく同一で、ここに先行して築かれた造山古墳・作山古墳との相違がある。築造にあたっては畿内から技術者の派遣をはじめとする支援や指導があったと考えてよいかもしれない。備前南部を基盤とする大首長が、中央政権を支えた有力氏族と同等の地位を得たことを示すと考える。

その築造の要因については今後も研究が必要であるが、大王墳に匹敵する造山・作山の二基はまさに傑出した存在である。これらにつづく両宮山古墳も、地方の古墳としては破格の位置にあるといってよい。

本墳については葬送儀礼が通常どおりではなかった可能性があり、なんらかの特殊な事情が発生した可能性が考えられる。この評価は先に示した記紀の説話に通じるところがある。説話イコール史実でないことは先に述べたところであるが、説話のもととなった吉備の大首長が本墳にかかわる可能性は少なくないと考えている。

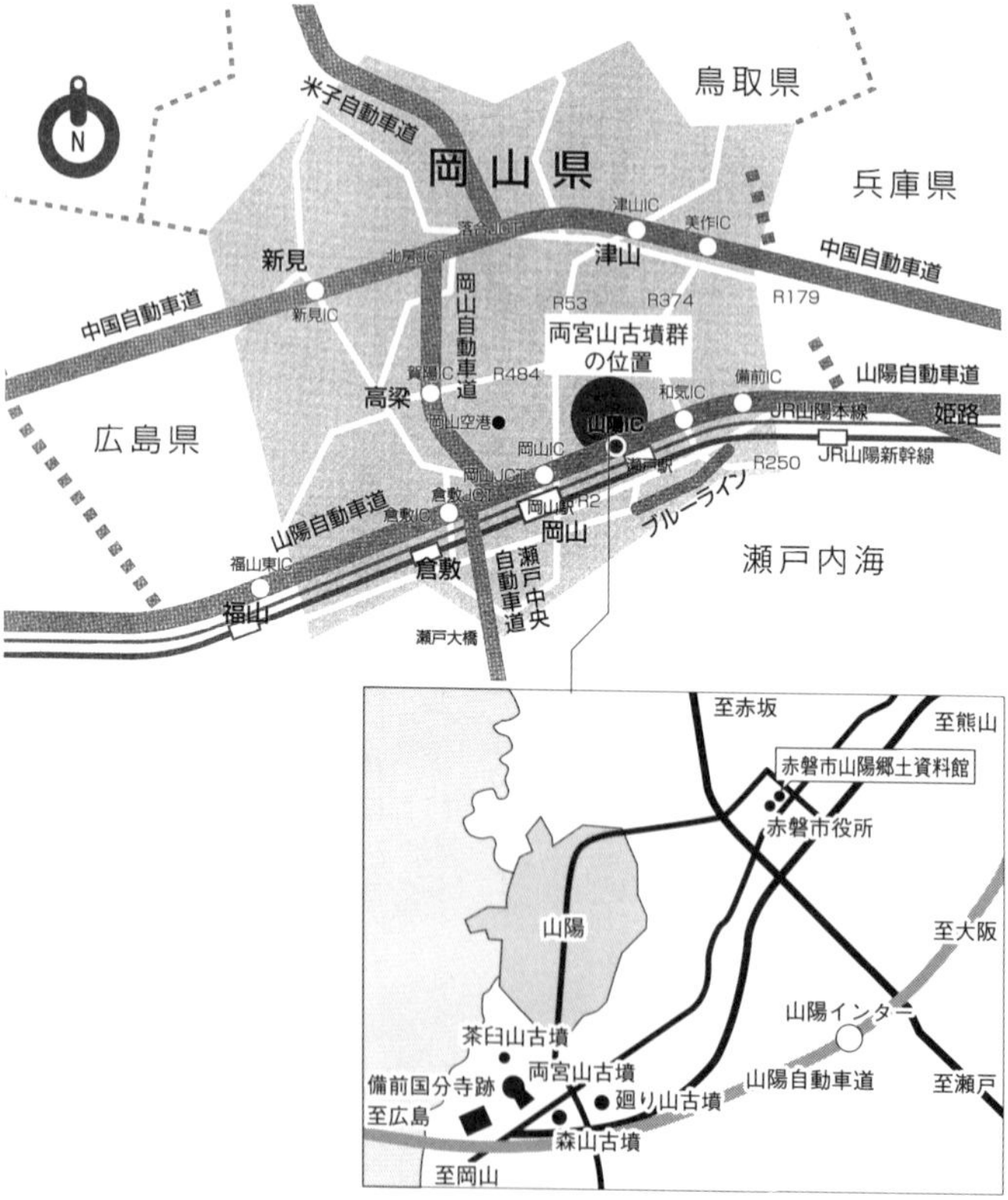

【赤磐市山陽郷土資料館】

所 在 地　岡山県赤磐市下市 337（〒709-0816）
　　　　　TEL 086-955-0710　FAX 086-955-0758
開館時間　午前 9 時から午後 5 時（入館は午後 4 時 30 分まで）
休 館 日　月曜日・国民の祝日・年末年始
入 館 料　無料
交　　通　ＪＲ岡山駅前から宇野バス　ネオポリス線（約 40 分）
　　　　　赤磐市役所前下車

【赤磐市山陽観光案内所】

所 在 地　岡山県赤磐市馬屋 561-1（〒709-0825）
　　　　　TEL 086-229-1101

※両宮山古墳探訪の際は本書 87 頁を参照のこと

参考文献

足利健亮　一九九二「山陽・山陰・南海三道と土地計画」『新版　古代の日本』四中国・四国、角川書店

荒木誠一　一九四〇『改修赤磐郡誌』

石部正志・田中英夫・堀田啓一・宮川　徏　一九九一「造山・作山および両宮山古墳の築造企画の検討」『考古学研究』第三八巻第三号、考古学研究会

一瀬和夫　一九八〇『允恭陵古墳外堤の調査―国府遺跡80―3区―』大阪府教育委員会

一瀬和夫　一九九二「周濠」『古墳時代の研究七』古墳Ⅰ墳丘と内部構造、雄山閣出版

上田宏範　一九八四「前方後円墳における築造企画の展開（その三）―巨大古墳にみられる吉備と畿内―」『橿原考古学研究所論集』第六、吉川弘文館

宇垣匡雅　一九九一「地域の概要　備前」『前方後円墳集成　中国四国編』山川出版社

宇垣匡雅　一九九一「両宮山古墳」『図説日本の史跡』第三巻　同朋舎出版

宇垣匡雅　二〇〇四「古墳の立地とはなにか」『古墳時代の政治構造』青木書店

宇垣匡雅　二〇〇四「吉備の首長墓系譜」『古墳時代の政治構造』青木書店

梅原末治　一九二四「備前国西高月村の古墳」『歴史と地理』第三〇巻第四号

岡山県史編纂室　一九八六「付図三両宮山古墳群」『岡山県史　第一八巻考古資料』

尾崎喜左雄　一九五一「群馬県太田市鶴山古墳」『日本考古学年報一』日本考古学協会

尾崎喜左雄　一九七三『古墳のはなし』学生社

岸本直文　一九九二「前方後円墳築造規格の系列」『考古学研究』第三九巻第二号　考古学研究会

岸本直文　二〇〇四「前方後円墳の墳丘規模」『大阪市立大学大学院文学研究科紀要』第五五巻

岸本直文　二〇〇四「両宮山古墳と五世紀の大王墓（講演）」『平成一六年度ふるさと歴史セミナー』山陽町郷土資料

館
葛原克人　一九八七「大古墳」『吉備の考古学』福武書店
葛原克人　一九八七「古墳時代前期」『岡山県の考古学』吉川弘文館
葛原克人・宇垣匡雅　一九九一「両宮山古墳」『前方後円墳集成　中国四国編』山川出版社
神原英朗　一九七一～一九七七『岡山県営山陽新住宅市街地開発事業用地内埋蔵文化財発掘調査概報』第一～四・六
集　山陽町教育委員会
河本　清　一九八〇「両宮山古墳周堤確認調査報告」『岡山県埋蔵文化財報告』一〇
近藤義郎　一九八三「部族の構成」『前方後円墳の時代』岩波書店
近藤義郎編　一九九一～一九九四『前方後円墳集成』山川出版社
近藤義郎ほか　一九九五『南方前池遺跡』山陽町教育委員会
鹿野吉則　一九九〇「イタスケ古墳外堤発掘調査概要報告」『堺市文化財調査概要報告』第一〇冊
白石太一郎　一九八三「古墳の周濠」『角田文衛博士古稀記念　古代学叢論』
新東晃一・松本和男・枝川陽　一九七五「門前池遺跡」『岡山県埋蔵文化財発掘調査報告』九
玉谷俊吉　一九一二『赤磐郡誌』
永山卯三郎　一九三〇『岡山県通史』上編　岡山県
西川　宏　一九六一「陪塚論序説」『考古学研究』第八巻第二号
西川　宏　一九七五「吉備の首長」『吉備の国』学生社
西川　宏　一九八八「鬼神の業と国体明徴—永山卯三郎の考古学—」『鎌木義昌先生古稀記念論集　考古学と関連科
学』同論集刊行会
春成秀爾　一九八二「備前の大形古墳の再検討」『古代を考える』三一、古代を考える会
樋口吉文　一九九七「古墳築造考」『堅田直先生古希記念論文集』

広瀬和雄 一九九一「前方後円墳の畿内編年」『前方後円墳集成 中国・四国編』山川出版社
広瀬和雄 二〇〇三『前方後円墳国家』角川選書、角川書店
藤田和尊 一九九三「陪冢考」『関西大学考古学研究室開設四拾周年記念考古学論叢』
北條芳隆 一九九〇「墳丘築成における土壇の意味」『鳥居前古墳 総括編』大阪大学考古学研究室
正岡睦夫 一九七六「岡山県赤磐郡山陽町森山、廻り山古墳における表採資料」『岡山県埋蔵文化財発掘調査報告』六
松木武彦 一九九八「中国地方の中期古墳とその社会（報告要旨）」『第四四回埋蔵文化財研究集会 中期古墳の展開と変革—五世紀における政治的・社会的変化の具体相（一）—』埋蔵文化財研究集会実行委員会
湊 哲夫 一九八二「吉備氏反乱伝承の再検討」『古代を考える』三一 古代を考える会
山田幸弘 一九九七「畿内における陪塚について」『西墓山古墳』藤井寺市文化財報告第一六集
横山 定ほか 一九九五『馬屋遺跡ほか』岡山県埋蔵文化財発掘調査報告九九
吉田 晶 一九八九「吉備と大和の抗争」『岡山県史』古代Ⅱ

図出典（参考文献に挙げた書名については割愛した）

図7 宇垣匡雅 一九九二「弥生墳丘墓と前方後円墳」『新版古代の日本』第四巻中国・四国、九三～一一四頁、角川書店。宇垣匡雅 二〇〇一「北方長田（水質試験所）遺跡」『岡山市文化財調査の概要一九九九（平成一一）年度』岡山市教育委員会
図9 永山卯三郎 一九三〇。荒木誠一 一九四〇。岡山県史編纂室 一九八六「付図三 両宮山古墳群」『岡山県史 第一八巻 考古資料』
図18 一瀬和夫 一九八一『允恭陵古墳外堤の調査—国府遺跡80-3区—』大阪府教育委員会
図31～36 宇垣匡雅 二〇〇四『森山古墳・両宮山古墳』山陽町文化財調査報告第二集
図37 赤磐市教育委員会提供
図39 甲斐史子氏原図
図40 春成秀爾 一九八二。葛原克人 一九八六「朱千駄古墳」『岡山県史 第一八巻 考古資料』。亀山行雄 一九九三「朱千駄古墳」『岡山県埋蔵文化財報告』二三
図41 宇垣匡雅 一九九三「造山古墳前方部所在石棺について」『古代吉備』第一五集、五二～五七頁
図46・47 伊藤晃ほか 一九七五『備前国分寺跡緊急発掘調査概

報』岡山県埋蔵文化財発掘調査報告一〇
図48 福田正継 一九八六「陣場山遺跡群」『岡山県史 第一八巻 考古資料』
図49 矢部秋夫 一九八五「陣場山遺跡について」『瀬戸町史資料集』瀬戸町
図50・51 神原英朗 一九七六『岩田古墳群』「岡山県営山陽新住宅市街地開発事業用地内埋蔵文化財発掘調査概報」第六集、山陽町教育委員会
図52 春成秀爾ほか 一九七一「岡山市牟佐大塚古墳」『古代吉備』第七集、四二～五二頁
図54 内本勝彦 一九九四「御廟山古墳（周濠部）発掘調査概要報告」『堺市文化財調査概要報告』第四四冊、堺市教育委員会
図55 吉村公男 一九九九「古墳の正面観」『考古学に学ぶ―遺構と遺物―』同志社大学考古学シリーズⅦ、三〇一～三一〇頁
図56 白石太一郎 二〇〇一『古墳とその時代』日本史リブレット四、山川出版社
図57 泉本知秀 一九七四「茶臼山古墳外周埴輪列・陪冢周溝調査概要」『節香仙』第二五号、大阪府教育委員会
図58 小栗明彦 一九九四「奈良市磐之媛陵古墳後円部外濠発掘調査概報」『奈良県遺跡調査概報一九九三年度』奈良県立橿原考古学研究所
図59 堺市教育委員会 一九九〇『堺の文化財―百舌鳥古墳群―』
図60 北野耕平 一九六四『河内における古墳の調査』大阪大学文学部
図61 天野末喜 一九八六「岡ミサンザイ古墳〔仲哀天皇恵我長野西陵〕」『古市古墳群』藤井寺の遺跡ガイドブック№1、五二～五五頁、藤井寺市教育委員会
図66 一瀬和夫 一九八〇「応神陵古墳外堤試掘調査報告」『節香仙』第三一号、大阪府教育委員会
図67 末永雅雄 一九七五『古墳の航空大観』学生社（他の陵墓図も本書による）
図68 岸本道昭ほか 一九八二『淡輪遺跡発掘調査概要』Ⅳ、大阪府教育委員会
図69 安川満 二〇〇〇『造山第二号古墳』岡山市教育委員会
図70 十河良和ほか 二〇〇一『平成一二年度国庫補助事業発掘調査報告書』堺市教育委員会。柿沼菜穂ほか 二〇〇二「ミサンザイ古墳」『平成一二・一三年度市内遺跡発掘・立会調査概要報告』堺市文化財調査概要報告第一〇〇冊
図71 長津宗重 一九九九『男狭穂塚女狭穂塚陵墓参考地測量報告書』宮崎県文化財調査報告書第四二集
図72 松林豊樹 二〇〇三『西都原一七一号墳（第一分冊）』特別史跡西都原古墳群発掘調査報告書第四集、宮崎県教育委員会
図73 紺谷永子 一九八六「市野山古墳〔允恭天皇恵我長野北陵〕と周辺の古墳」『古市古墳群』藤井寺の遺跡ガイドブック№1、九二～九五頁
図74 山田幸弘 一九九七「西墓山古墳の築造企画について」『西墓山古墳』藤井寺市文化財報告第一六集
図75 辻葩学 一九九四「向墓山古墳」『羽曳野市史』第三巻資料編Ⅰ
図76 木許守ほか 一九九六『室宮山古墳範囲確認調査報告』御

所市教育委員会
図77　小泉裕司ほか　一九九九「久津川車塚古墳」『城陽市史』第三巻
図2・3・4・8・17・23・30・42・43・62・63・64は宇垣作図
他は、赤磐市教育委員会提供および宇垣匡雅　二〇〇五『両宮山古墳』赤磐市文化財調査報告第一集、赤磐市教育委員会

あとがき

古墳の周辺部の調査を中心としただけに、隔靴掻痒の感はまぬがれないように思われる。しかしながら、古墳の調査というのは埋葬施設を発掘すればすべてわかるというものではなく、また、地味ではあるが周辺部だけでも実に多くの情報を得ることができること、そして、わかっていないことがきわめて多いことを知っていただければさいわいである。

本書では、報告書で十分に検討することができなかった古墳の評価や関連資料を十分に提示するよう努めたが、一つだけ、盛土量の計算と、労働力の算定にまで手がまわらなかった。いったい、中堤の盛土量だけで並の前方後円墳なら何基つくれるのだろうか。これについてはいずれなんらかの機会に果たしたい。

報告書と本書において基本的な評価は変わらないが、外濠の断面など一部では解釈を修正したところもある。また、総長に関しては立会データから三四九メートルに数値を変更した。

一部の先生方が研究するものだと思っていた巨大古墳の調査に縁あってかかわることになり、それは中小の古墳とは桁がまったく異なるものであることを知ることができ、多くのことを学ぶことができた。これは、ともに調査にあたった大熊美穂さん、有賀祐史さん、そして、関係の多くの方々のおかげである。

本書の執筆にあたって、また、資料の収集に際して以下の方々から多大な助力を得た。秋山浩三・伊藤聖浩・内山敏行・大久保徹也・河内一浩・岸本道昭・高橋克壽・中井正幸・吉留秀敏。また甲斐史子さんからは朱千駄古墳石棺実測図を提供していただいた。末筆ながら厚くお礼申し上げたい。

二〇〇五年二月、第三次調査も終わりに近い日、昼過ぎから本格的な雨となった。「忙しくて今日しか都合がつかなかった」といいながら現場事務所に現れたのが葛原克人さん。傘をさしてトレンチを見てまわり、そのあと調査成果や苦労話やらをひさしぶりに長い時間談義した。「ま、がんばっておやり」といつものセリフをいって帰られるのを見送ったが、それが今生の別れであった。それからほどなくして倒れられ不帰の客となられた。

埋蔵文化財業務と考古学研究は近い関係にあるが同じものではない。埋文行政担当者と研究者という二足の草鞋はなかなかむずかしいものであるが、葛原さんはその両立を行った数少ない先輩のお一人であった。筆者はその両面での後輩であるが、とりわけ研究面では、それにともなうめんどうなことがらの相談を含めてずっとお世話になってきた。

学恩を謝し、ご冥福をお祈りしたい。

菊池徹夫
坂井秀弥　企画・監修「日本の遺跡」

14　両宮山古墳《りょうぐうざんこふん》

■著者略歴■

宇垣匡雅（うがき・ただまさ）

1958年、岡山県生まれ
岡山大学法文学専攻科（史学専攻）修了
現在、赤磐市教育委員会社会教育課参事
主要論文等
「大和王権と吉備地域」『古代王権と交流』6、名著出版、1995年
「前期古墳における刀剣副葬の地域性」『考古学研究』第44巻第1号、1997年
「鋸歯文をもつ土器」『考古学研究』第47号第2号、2000年
「宿寺山古墳の研究(1)」『環瀬戸内海の考古学』古代吉備研究会、2002年
『古墳時代の政治構造』（共著）青木書店、2004年

2006年9月5日発行

著　者　宇《う》垣《がき》　匡《ただ》雅《まさ》
発行者　山脇　洋亮
印刷者　亜細亜印刷㈱

発行所　東京都千代田区飯田橋
4-4-8　東京中央ビル内　（株）同成社
TEL 03-3239-1467　振替 00140-0-20618

ISBN4-88621-365-0 C3321

シリーズ

日本の遺跡

菊池徹夫・坂井秀弥　企画・監修

四六判・定価各一八九〇円

【既刊】

①西都原古墳群　南九州屈指の大古墳群　北郷泰道

②吉野ヶ里遺跡　復元された弥生大集落　七田忠昭

③虎塚古墳　関東の彩色壁画古墳　鴨志田篤二

④六郷山と田染荘遺跡　九州国東の寺院と荘園遺跡　櫻井成昭

⑤瀬戸窯跡群　歴史を刻む日本の代表的窯跡群　藤澤良祐

⑥宇治遺跡群　藤原氏が残した平安王朝遺跡　杉本　宏

⑦今城塚と三島古墳群　摂津・淀川北岸の真の継体陵　森田克行

⑧加茂遺跡　大型建物をもつ畿内の弥生大集落　岡野慶隆

⑨伊勢斎宮跡　今に蘇る斎王の宮殿　泉　雄二

⑩白河郡衙遺跡群　古代東国行政の一大中心地　鈴木　功

⑪山陽道駅家跡　西日本の古代社会を支えた道と駅　岸本道昭

⑫秋田城跡　最北の古代城柵　伊藤武士

⑬常呂遺跡群　先史オホーツク沿岸の大遺跡群　武田　修

⑭両宮山古墳　二重濠をもつ吉備の首長墓　宇垣匡雅

【続刊】

奥山荘城館遺跡　中世越後の荘園と古城　水澤幸一

妻木晩田遺跡　蘇る山陰弥生集落の大景観　高田健一